# 三十岁，
# 一切刚刚开始

李尚龙 作品

We've Only
Just
Begun

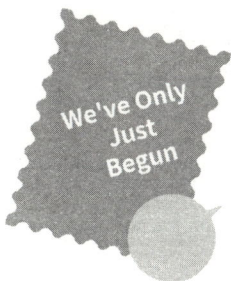

湖南文艺出版社
HUNAN LITERATURE AND ART PUBLISHING HOUSE

博集天卷
CS-BOOKY

▲

**1**

　　我记得那天晚上，我和那位同乡的编辑，是第一次见面。听说，她想和我合作一本书。

　　她带了瓶很好的酒，我们一边喝一边聊。酒真是个好东西，喝着喝着，我们都放下了拘谨，开始天南海北地扯。

　　她说："尚龙，你知道吗？我弟弟今年二十五岁，在大学毕业的时候读了你的书，现在读你的书已经四年了，是你的忠实读者。我想跟你合作是因为我弟弟说，在青春年少的日子里读了你的书，他的心态变得坚强了，生活也发生了改变。他专升本成功，考上了研究生，

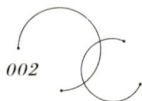

現在在一家国企当项目主管。每次我们聚会的时候，他总和我说，龙哥说了什么，龙哥写了什么，还鼓励我一定要做一本你的书。所以我才想一定要跟你聚聚，看看有没有可能，还带了瓶这么好的酒。书名我都想好了，就叫《三十岁，一切刚刚开始》。你看你这么年轻就获得了这么多成就，明年的四月十八日是你的生日，这本书就作为你的自传，也作为你三十岁的生日礼物，你觉得如何？"

我听得头皮发麻，因为当听到明年我就三十岁的时候，瞬间我就醒酒了。当听到三十岁就让我写自传的时候，我差点晕过去。

但那天毕竟喝了别人的酒，还挺贵，我也不能发脾气，只能微笑地点点头。

她继续说，说到激动，说到深情，然后她绕到了这本书，说了很多关于这本书的构思。她说了很多话，直到最后，我才听明白，她所有想讲的话，其实都是讲给她自己听的：

她今年三十岁，工作遇到瓶颈，有两个孩子，丈夫长期出差，而自己十分迷茫。她希望知道，别人是怎么活的；她也需要让自己的弟弟知道，这个叫李尚龙的家伙在二十多岁时，是如何度过了自己的青春。哪怕自己没有办法再回到二十多岁活一遍，至少，弟弟和更多年轻的朋友，可以看到这个被称为"龙哥"的人，是怎么在二十多岁时挥洒自己的汗水和泪水的。

那天晚上，我听到她的笑、她的泪，听到她的呐喊、她的彷徨，还有她在三十岁这个不尴不尬、不突出的年纪想对世界说的话。很快，一瓶酒就喝完了。我想，反正她也拿不走了，我可以讲两句了。于是，我停了一会儿，说：

"我不想写自传，我想写一些这些年的感悟。不是教育他人，不是自我阐述，而是有些想法，想跟身边的朋友聊聊，就像我们今天这样一边喝着酒，一边聊着天。"

她点了点头。

我继续说："这本书，我会写，但请允许我慢慢来。"

就这样，我开启了漫长的叙述期。在这一年里，我对着电脑一个字、一个字地敲，对着深夜一行话、一行话地打，对着空无人烟的写作间一段话、一段话地写。我一边上课，一边跑签售，一边在高铁上、飞机上、酒店里、咖啡厅里，写下那些想对别人说的话。后来才发现，我和那位编辑一样，每一句话都是说给自己听的。

后来，这位编辑还是等不及我的稿子，辞职了。

## 2

她去了哪里，我也不知道。

但在我写这篇文章时，她对我讲过的话我仍记忆犹新，喝过的酒

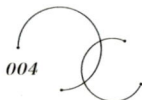

好像还在胃中晃荡。

三十岁的艰难、人到中年的焦虑，是每个人都无法阻挡的。跳槽跟换行业是每个中年人所经历的再平常不过的事情。

我没有再联系她。因为，虽然科技使人和人越来越近，近到只剩下人和手机的距离，但人和人的心越来越远，远到你不知道该对一个一起喝过酒的人说点什么，远到就算两个人加了微信，一年也很难联系一次。

但我感谢她。这本书，如果没有她，或许不会问世，也不会被人读到。

虽然她已开启新的篇章，但可惜，我的工作还没结束。

很快，我决定重新开始。在这里，我要感谢博集天卷的编辑李彩萍和总监蔡明菲，如果没有你们的鼓励，我不会再次打开这个文档，开启下一行字的书写。

那是一个晚上，我喝了几杯酒，回到家睡不着，打开了电脑。于是，我决定再次进入这本书的字里行间，进入我三十岁前的回忆，开始一个字、一个字地走进这本文集的世界里。

我在家待了一会儿，又去了那家我熟悉的二十四小时营业的书店。那天，我在书店写到了凌晨。恰好，我的好朋友导演李楠也没睡，他来到书店，我们聊了会儿天。

他很诧异我的作品竟是一个人在写。

我也诧异地问："难道不应该是一个人写吗？"

他说："现在很多稍微有点名气的人，都用团队写作。"

我说："我没有名气，所以自己写。"

他夸我敬业，这吓了我一跳：什么时候，完成本职工作竟然变成了敬业？这个世界，真是又可怜又可笑。

写作不是为了名利，而是为了找到回家的路。

他说，看我这么苦，也帮不上什么忙，就陪我喝一杯吧。

我们跑到五道口的一家还开着的酒吧，开了两瓶啤酒，我对他说："导演，第一，我不苦，因为我热爱，热爱的人不会苦；第二，有些路，只能一个人走，谁也陪不了。"

## 3

这些，都是我三十岁前学到的：

你要坚持你的正直，哪怕身边的人都在走捷径；你要坚持你热爱的，哪怕周围的人都觉得你很苦；你要坚持你的路，哪怕一路上只有自己一个人。

从那天起，我又拿起了笔，续写了这本书。

很高兴，终于完稿了。我想，等你看到这本书时，这个写作者应该已经三十岁了。这个叫李尚龙的家伙,每天都在跟时间赛跑,其实,他倒不是没有多少日子了,他是希望让自己的二十多岁更精彩一些。

这十年,大家知道的是,他参加英语演讲比赛获得了全国季军,他在部队立了二等功又决定退学,他在新东方当老师年年评分都是第一,他辞职创业有了考虫,他写的每本书都是超级畅销书,他拍电影、电视剧,正在改变着自己和别人……

打住,其实这本书并不是要向你炫耀这些无聊的事情,这本书是想告诉你:

这十年,他经常在深夜大醉,泪洒北京街头;他经常不得不撕心裂肺地和亲朋好友说再见;他时常在上台讲一个小时课的背后,十几个小时地自我折磨;他曾经走在崩溃的边缘;他曾经在房租也交不起的第二天就被女朋友甩了;他曾经写下的许多话,都是写给自己看的;他曾鼓励别人的话,都是为了鼓励自己。

在这个和时间赛跑的时代里,我们只能戴着镣铐跳舞,但幸运的是,这个家伙明白,就算跳舞,也要让镣铐演奏出最美的节奏。

我今年三十岁,我跟很多人一样,在这茫茫人海中也不会被认出来。从高处看,我也和别人一样是一只小蚂蚁,但我对这个世界依旧充满希望,对生活充满期待。

因为三十岁才刚刚开始。

不要惧怕苦难,所有在二十多岁经历的苦难,都是生活的恩赐。

# 4

有一个哥们儿叫歌德，1771年他从斯特拉斯堡大学修完法律，然后依照父亲的安排，去了法院工作。二十三岁时，他认识了十九岁的夏洛蒂，看到她，仿佛向日葵迎向太阳，夏洛蒂的青春、美貌、纯真深深地吸引着他。

可让他崩溃的是，偏偏夏洛蒂当时已有婚约，而未婚夫是他的朋友克斯特纳。后来，他得知夏洛蒂和克斯特纳举行了婚礼。

歌德被打到谷底，心碎时，他和克斯特纳交恶，又收到了一位好朋友自杀的消息。这下，他心如刀割，痛不欲生。一瞬间，他觉得自己什么也没有了。万念俱灰下，他决心自杀。

他想找一个美好的地方离开人间，于是他一边找，一边把自己和朋友的经历交织起来，写了一本书。

这本书，穿越空间，穿越时间，现在就在我的书架上，叫《少年维特的烦恼》。也就是这本书，让这个叫歌德的家伙得到了魏玛公爵的赏识，在三十岁这一年，他就当上了大臣，受封贵族。

最后，他活到了八十三岁，创作无数，成为传奇。

请注意，当上大臣的那一年，他正好也是三十岁，跟我现在一样。

所以，三十岁，一切刚刚开始。

苦难是对生命的赞美，就算到了低谷，人也会有出路，只要一个

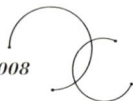

人还在路上，还在勇往直前。

二十多岁受的苦难，都是为了今后，让自己成为更好的自己。

这本书完稿时，我正在上海的街头，吹着风，让时光和故事流遍我的身体，而我，默默地等待着三十岁的来临。

我知道拿到这本书的你，或许比我的年龄更大，或许比我更年轻，但有一点是可以确定的，你一定跟我一样，一直在路上，一直不满现状，希望自己变得更好，一直相信着善良、美好、坚持、幸福——这些一直被人们质疑的词语。

我们是一类人。

希望你们喜欢这本书。

这本书是一个一直在路上的家伙的碎碎念。这个家伙，今年三十岁了，他还在成长，跟你一样。

对了，饭团儿，祝你成长快乐。

希望你在三十岁时，也能像你的舅舅一样，顺风不浪，逆风不怂，一直在路上。

李尚龙

# Contents 目录

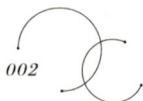

Chapter **One**
第一章

三十岁
# 轨迹

Chapter **Two**
第二章

三十岁
# 守则

# Chapter Three
## 第三章 三十岁 转折

▲

**三十岁，一切刚刚开始**

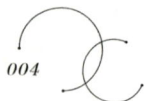

# Chapter Four
## 第四章

# 三十岁
# 自控

# Chapter Five 第五章

# 三十岁 故事

▲

**三十岁，一切刚刚开始**

Chapter One
第一章

三十岁
轨迹

三十岁，一切刚刚开始 ▲

# 人生的另一种可能

## 1

在上海参加一场活动，头天晚上一群朋友请我喝酒，我又喝大了。

每次到上海，总有一群朋友请我去各种饭店和酒吧，目的只有一个——把我灌醉，让我多说话。

头一天，我看了一部电影，叫《蜘蛛侠：平行宇宙》。我很喜欢，于是那天晚上，就一直在说这么一句话："假如有平行宇宙……"

看来，确实是喝多了，却难得睡了个自然醒。我一觉醒来发现闹钟没响，赶紧看了一眼手机，手机显示十一点，我马上爬了起来，看了看今天的日程，还好，上午没什么事。

这些年，我已经习惯被闹钟叫醒，听到闹钟响，绝不赖床，抓紧这一天的时间。有时候闹钟没响，我在七点的时候也会醒来，揉揉眼睛，开始做一天的工作。

我当然要抓紧每一天，因为今年，我已经三十岁了。

拉开窗帘，阳光照亮、唤醒了每个角落，窗外就是黄浦江。江面泛黄，高楼大厦耸立在江的两旁，船只慢悠悠地漂荡在江面上，几只快艇悠闲地靠在江边，时不时地能看到一些游客在江边自拍，小孩无忧无虑地奔跑着，大人穿着西装奔走着。上海，又是一幅繁荣忙碌的景象。

今天是周一，是新的一周的开始，而我这个三十岁的叔叔正在酒店里写着今天讲座的讲稿。下午，我要在一所高校演讲，而我的主题就是："就业去何方？"

这个问题很简单，这些年我一直在课上跟同学说，如果可能，毕业后要去大城市工作，因为那里资源多、人脉广，你能有更多的可能。

## 2

前些日子，有同学提问："尚龙老师，你当年为什么选择去北京发展呢？"

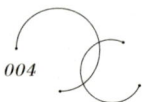

思绪一下子把我拉回到十多年前。

那是一个夏天，高考成绩刚出来，父亲把我叫到了房间，对我说了很多话，唯一给我留下深刻印象的一句话就是："孩子，你去报考提前批，这样，家里的压力能小很多。"

那时家里有两个孩子，在同一年上大学，姐姐确定要出国，光是学费，就是很大的一笔开支。于是摆在我面前的，只有两个选择，一个是北京的军校，一个是南京的军校。

直到今天，我都很感激当年自己的选择。那个时候，我正在家里没日没夜地看电视剧《奋斗》，总觉得到了北京，才是奋斗，说两个儿化音，才叫奋斗。

于是我选择了北京。

记得刚到北京时，不会抽烟的我在街边买了包中南海，还一定要学着电视剧里的台词，强调来一包"点儿八中南海"，我觉得自己在北京的奋斗开始了。

可是生活永远不是戏剧，生活比戏剧残忍，比戏剧残酷。下了火车，我打了辆车，车一路朝着西南方向开，越开越荒凉，我才知道，我的学校跟《奋斗》这部电视剧里的北京，几乎没什么关系。看着计价器上的数字越来越高，我才发现，我上了辆黑车。这是我在北京交的第一份学费。

我以为生活跌到了谷底，却不知道，这一切才刚刚开始。接下来痛苦的训练、不停歇的操课和寂寞的独处占据着我的每一天。

但现在回想起来，又能如何呢？

一转眼，我在北京待了十多年。

我虽然起点不高，但总算没有停下前进的脚步。只要你不停歇，在一个机会很多的城市里，你就有机会翻盘。

在上军校的三年里，我学会了如何自学，学会了坚韧隐忍，认清了世界本来就是充满困难的。在机会来临时，我果断决定离开部队；在当老师的几年里，我意识到在这座城市想要成为一个优秀的人，就一定要终身学习、持续奋斗；在互联网教育兴起时，我果断决定创业，开启新的一章；后来，我开始写作、拍电影，我明白只有持续在路上，才有机会看到机会；在文化产业兴起的时候，我出了第一本杂文集。

但这一切都有一个前提——我在十八岁那年，决定来到北京。

那么如果不来北京，还会不会有现在的自己呢？我想也会。只不过，这时间或许会更长。

中国的发展很有趣，你会发现"北上广深"吸引了中国大量的人才，各个省会也相继吸引了一部分，而在越"下沉"的城市，越会发现人才是最难招聘的。

因为最先进的技术、最新的商业模式往往都在"北上广深"，而这又是因为这里有最厉害的一群人，所以这几座城市的发展往往比其他的省会城市要快几年。从省会城市到三四线城市，你又能明显感受

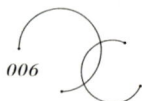

到市场和科技上的时差。

## 3

我曾看到过这样一段话，大意是在美国，做汽车你可以去底特律，做电影你可以去好莱坞，想创业可以去硅谷，做工业你可以到休斯敦；但是在中国，不好意思，你只能去北京、上海这样的大城市。仅仅是因为，这些地方的机会更多，更垄断。

我不知道在中国，这样的发展模式会持续多久，但是在城乡差距越来越大的这些年里，选择甚至比努力还要重要。

所以，在下午的演讲稿里，我是这么写的："如果你还在读高中，高考报志愿时，最好能选择一个大城市；如果你想要考研究生，城市的选择也很重要。虽然大城市有一堆一堆的问题，你或许生活得也没有在家乡那么滋润舒服，但总的来说，那里有更多的可能，这种可能叫作希望。"

在北京的这些年，我逐渐认识了很多朋友，知道了很多事情，有了一些社会资源。从孤零零的一个人在这座城市漂泊，到现在，姐姐在北京成家，爸妈经常来看看，朋友越来越多。我更多地开始感觉到家的温暖和生活的美好。

有时候，生活的疲惫让我忘记了什么是奋斗和拼搏，我会出差换个城市，感受一下那座城市的速度和温情，感受一下不一样的风土和人情。

去了那么多城市，都有不同的感觉，但每次来到上海，看着忙碌的街道，看着步履飞快的行人，总会有一个想法倏忽而至：我的另一个可能，会是在上海。

如果有平行宇宙，上海的那个我，现在又会在做什么呢？

我曾在日记本上写给自己这样一段话："在每个大城市，都有数不清的励志和凄凉的故事，每一个人都在这里书写着属于自己的传记。那些转折、递进，那些句号、问号，那些段落、篇章，都是只属于自己的故事。在生命结束前，我们都会写下最后的句号，如果是你，你会希望这个故事是什么呢？"

至少在这些年，我做到了让自己的故事足够精彩，哪怕直到今天，我依旧不算很成功，但至少，我对过去的奋斗岁月无怨无悔。

## 4

每次来到上海，都是参加各种各样的活动。但我总是会在一天的

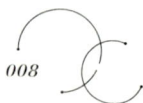

活动结束后，一个人插着兜在外滩吹着江风走一走，就像在北京时，如果我写不出东西，我就会一直沿着三环路走到走不动为止。那是属于自己的时光，你能有很多的时间去思考这些年的过往。许多往事总是历历在目，人会看到自己这些年的变化，会看到自己写在脸上和心里的沧桑，同时，也能看到生命里的曙光。

其实昨天，虽然我在上海跟一群朋友喝大了，但是我都记得。

一位朋友对我说："尚龙，你要多来上海啊。"

另一位朋友说："你干脆在上海开个分公司吧！"

但在回酒店的路上，我的脑海里一直回荡着这么一个声音：

"如果有平行宇宙，我的另一个可能，会是在上海。"

可是，那个我在做什么？那个我跟现在的自己有什么不一样吗？那个我现在过得幸福吗？那个我成家了吗？结婚了吗？有小孩了吗？小孩是男孩还是女孩啊？

想到这儿，我忽然有些感伤，因为每个人就只有这么短暂的一生。

但我明白，那个平行宇宙里的我，无论活成了什么模样，都跟现在的我一样，一直在努力，从来没放弃。

那么上海的那个家伙，我在这个时空，为你加油。希望你永远不要放弃，永远在路上。

# 三十岁，真正的人生才刚刚开始

## 1

看了一个帖子，吓了我一跳，帖子上说："二零后出生了。二零后会怎么看我们九零后呢？嗯，就跟我们看六零后一样。"

这时光，真残忍。

我赶紧想了想，我是怎么看六零后的，却忽然愣住了。

因为我的脑子里并没有一种特定的形象，相反，在我的脑海里出现了两种人：

一种逢人便教育，见人就批评，大腹便便，高高在上，不学习，不锻炼；

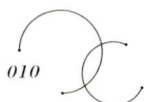

另一种风度翩翩，和年轻人做朋友，好学，经常锻炼，谦虚微笑，还一直奔跑。

这两种人，都是六零后。

但是他们截然不同：第一种，已经老了；第二种，依旧在路上。

因为人和人不能用生理年龄来区分，更不能十年、十年地来划分，人和人的区别，有时候比人和动物的还大。

所以，等二零后长大，他们是不是也会这么一分为二地看我们这代人呢？

当然会。

我想，至少我要努力做到，让这一代的孩子，在几十年之后，能喜欢我，而不是讨厌我。

## 2

我想起了我的父亲。

父亲在部队待了二十多年，自主择业后决定进入保险公司。

从高高在上，到有求于人。一晃，他在这个行业待到了今天，这样一算，也快二十年了。

这二十年里，他每天锻炼，每天学习，直到今天，竟没有多少白头发。他获得了保险从业资格证，考过了许多年轻人都没有通过的考试。要知道，他有的已经是六十多岁的身体和年纪了。

前些日子，我陪父亲参加他的同学会，看到一群头发斑白的人在那里指点江山，他们一边喝着酒，一边吹嘘着自己的一生。父亲待了一会儿，就带我走了。

远处一看，父亲像是他们的学生，而这些人比他老太多。

这些年我时常跟父亲走在街上，别人告诉我，我哥看起来真帅。我听到后又自豪又沮丧。但父亲教给了我很重要的价值观：永远学习，才不会老。

虽然我们无法阻挡时光流逝，但我们可以让心灵保持年轻。

## 3

我一直不太喜欢把人分为几零后，那种分法，只是生理上的分割，并不合理。

我见过很多二十多岁却从不学习的年轻人，也见过六十多岁还在路上奔波的长者，前者已经老了，后者依旧年轻。

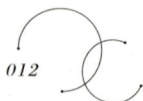

前些天，我在网上看到了一个帖子："你有没有什么特别'相见恨晚'的知识想跟年轻人分享？"一条评论映入眼帘：

"不要相信太多实际上能力 level（水平）不高，但是年龄很大的人或者长辈的话，尊敬他们，但不一定要相信太多'老人言'。你需要想想，是他们的想法让他们活成现在的样子，除非你愿意像他们那样活着，不然，就去寻找自己的路。"

同理，也不要相信每个年轻人未来都是有希望的。很多年轻人一眼就能望到头，等他反应过来时，早已来不及了。就像那句话一样："二十多岁死，八十多岁埋。"

## 4

所以，人到底什么时候才算变老了呢？

我的答案是，不学习的时候，不进步的时候。

我曾经看到过一种说法，特别有道理，说每个人都有自己的巅峰时刻，你什么时候最值巅峰时刻，自那之后，你就会开始变老。

比如，我的一位从北大毕业十一年的朋友，他的微信、微博，甚至所有的社交媒体账号上还写着"PKU×××"，我知道，他已经老了。

一个人已经从学校毕业十一年了，还把自己高考时的巅峰状态作为人生名片，那他之后的日子，也就只剩下衰老了。

还有一位朋友，毕业十年，还在一次次提及自己当年英语演讲比赛的成绩，而这个牛已经吹了十年。辉煌时刻已过，剩下的就只有衰老了。

当然，你可能会辩驳，那谁都是这样啊，每个人都会走下坡路啊，人怎么可能一辈子都在巅峰时刻呢？

其实不然，有两种方式可以让人减缓衰老：

第一，寻找一个伟大的目标，用一生完成。

当然这个目标要足够大，大到许多人一看到都觉得你太好笑了，比如你要改变世界。

我刚认识樊登老师时，我问过他的理想，他说希望中国有三亿人可以通过他读书。我心想，三亿？吓死人了。可是，随着时光的流逝，他每一年的业绩和会员都在增加。我想，他还是会这样，一直年轻下去。

当你的理想被人嘲笑时，记住别被别人的眼光左右，别被别人的评价绑架，更不要拿自己的青春为别人的言论买单。

埋头去做，一点点靠近它，放心，所有笑你的人，最终都会笑不出来的。只要你的目标足够大，需要用一生的时间完成，你就会永远在路上，就算皱纹长到脸上，至少它不会出现在心里。

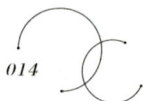

第二，做一件持续升值的事情，直到永远。

许多职业都具备这样的特点，比如作家、老师。

越往后，你的职业越值钱，随着你的读者越来越多，学生越来越多，你的巅峰时刻永远在明天。俞敏洪老师在《我曾走在崩溃的边缘：俞敏洪亲述新东方创业发展之路》里讲过一个故事，新东方去香港、新加坡募资，他刚讲了几句，台下的投资人就说："俞老师，你别讲了，告诉我们你们要多少钱。"后来一问，他们都是他当年的学生，学成之后他们出国留学了，再后来回到国内或待在国外，都成了投资人。

当你的职业随着年纪的增加越来越值钱时，你也就很难衰老，至少内心深处是这么回事。

<u>5</u>

但不知道你是否发现，这两种减缓衰老的方式，都需要一个人具备这样一种能力：远见。

我曾经在《你的努力，要配得上你的野心》里写过一篇文章叫《做一个有远见的人》，当一个人的眼睛像探照灯一样，照耀着远方，他的未来一定不会差。

人到了三十岁，应该多考虑考虑未来的事情：这件事在十年之后，会成什么样？这个职业在我四十岁的时候是加分还是减分？这份工作在我老年时还能不能做？

换句话说，你做的这件事，是短期获益的还是长期获益的？你玩儿的是有限游戏，还是无限游戏？你是看着现在，还是盯着未来？

前些日子，我在高铁上读完了《褚时健传》，虽然他跟我不是一个年代的，但我特别震惊于他给每件事都设置了一个三十年的盘。对于每件事，他都提醒身边的同事，多考虑考虑以后，别总是盯着现在。就算出狱时，他还把哀牢山上的农场包了三十年，那个时候他已经七十多岁了，虽然很多人都预测他活不了那么久，但他在八十五岁的时候，东山再起，成为身家亿万的"橙王"。

读完这本书后，我在网上搜索了褚时健的照片，他虽然头发斑白，却鹤发童颜，看不到一丝苍老。

在上海电影节，我见到了自己一直很崇拜的阎建钢导演，他的电影《甜蜜》刚刚杀青了。那个夜晚，他一直在调侃自己的头发是染成白色的，每一个见解和包袱都把我们逗得哈哈大笑。一个晚上时间过得飞快，我们转到第二场时，导演喝了一杯酒，说他还在准备下一部电视剧，说他还准备做点其他有趣的事情，说他其实是1959年的……

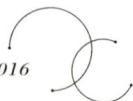

瞬间，我就被震撼了。因为，他竟然比我父亲的年纪还大一岁，但我完全只能感受到他的青春。

是啊，在路上的人，不会苍老，一直在进步的人，也不会衰老。

而三十岁，或许人的巅峰才刚刚开始。

# 一个小人物的超级英雄梦

## 1

在科伦坡的一家酒吧，我看到一位歌手在唱歌，酒吧里零零散散坐着几个欧洲中年人，毫无兴致地喝着酒、聊着天。台上的歌手坚持地唱着，就好像所有人都在用心地听着。

但事实上，没有人在听。这世界总是如此，没有人看到你的认真，大家只在乎结果，只有你关注过程。

一首 *Say You, Say Me* 结束，台下鸦雀无声，于是我和朋友鼓掌欢呼，然后发现只有我们在鼓掌，周围一片冷漠。台上的灯昏暗地照着台上的脸，歌手在台上，羞涩地说了声 thank you（谢谢）。

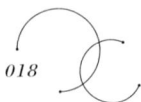

中场休息时，他拿了一杯酒，走到我们的桌子前聊天，我才知道他离家三年，一直喜欢音乐，但没有大公司愿意签他。

爸妈让他回老家种地，但他自己觉得还能坚持，因为热爱音乐，而且还不到三十岁，正是奋斗的年纪，于是他选择在酒吧唱歌。他说，一会儿他会唱一首自己写的歌，问我们会不会听。我点了点头，陷入了沉思。

多么老套的故事，主人公像极了每个在北京、上海、深圳打拼的年轻人。

每个大城市的夜晚，都渗透着故事，这些故事以岁月为载体，扎根在每个二十多岁的年轻人的心脏。

于是我问他："How do you feel like this?"

我的本意是，问他对自己的歌曲的感受。

可他理解成了，我在问台下只有这么几个人，这种尴尬是什么感觉。于是他说："At least you like my song, I am happy."（至少你们喜欢我的歌，我很开心。）

他说完后上台，又唱了一首歌。

他唱得很高兴、很投入，像融入了这个城市的夜空。

我听了一会儿，留下了一千卢比，跟服务员说，确保这些小费给台上的歌手。服务员点点头。我继续说，告诉他，他唱得不错。

然后我转身离开了酒吧。

走到门口时，那个歌手喊了出来："Thank you sir, I will do my best."（谢谢你先生，我会尽全力的。）

我忽然明白了，其实每个人在倾尽全力做自己喜欢的事情时，都是自己的超级英雄，哪怕前方的路一片迷茫，至少自己是微笑着的。

## 2

每个国家的追梦人都很像，从农村到城市的人，都希望自己成为超级英雄，希望自己身披铠甲，腾云驾雾，哪怕被命运打垮，哪怕被这社会弄得遍体鳞伤。

这些年，我对所有为了追求梦想而高声歌唱的人，有着不可阻挡的喜爱。

那天回到酒店，我打开电脑，刚好看到平台在推荐一部电影——《天气预爆》——讲一个普通人，被莫名其妙地赋予了超能力，就算遍体鳞伤，也要坚持到底，别人可以笑他，但自己要有骨气，别人可以让他认命，但自己不能认输。他像极了那个酒吧里默默无闻的歌手，虽然一无所有，但还傻傻地坚持着。

我对这样的电影并不感冒，但一看导演，愣住了，是肖央。

　　我看完了那部电影，拿出手机，给肖央发了条信息："看了你的电影，懂你的意思。"

　　很快，他回复我："看到你跑斯里兰卡去了，无论你在哪儿，祝你丫一切都好。"

　　二十多岁时，我在一个活动中认识了肖央，那时他还不到四十，我们相见如故，每次喝酒总是酩酊大醉，我喜欢在喝多时把手机音量调到最大，放他的歌，相比《小苹果》，我更喜欢《老男孩》的纯粹、《猛龙过江》的热血，还有《我从来没去过纽约》的深情。

　　肖央很喜欢拍小人物的英雄主义，因为他自己就是这么一个人。从《老男孩》起，他就拍了两个落寞的英雄，虽然输了比赛，但用一首歌赢得了观众的心，他们就是自己的超级英雄——无论结果如何，自己尽了全力。拍《老男孩》时，肖央的团队只有几个人，没有钱，就到处想办法求人；没有场地，就拿着机器偷偷地拍。直到片子红了，他才忽然想起，坏了，还没有跟大桥卓弥老师说用了他的歌，这才急急忙忙地联系到原作者，支付了版权费用。

　　老肖喜欢英雄的态度是明显的，一个曾经落魄的普通人，自然喜欢英雄。从《老男孩之猛龙过江》中的两个臆想出来的英雄，到《天气预爆》里一个不得志的自杀干预医生，这都是小人物的英雄主义——你可以瞧不起我，但我不能辜负自己。所有的表达，都是自我的叙述。

　　我在网上看到了很多对《天气预爆》的差评，本想安慰老肖，但想了想，什么也没说。因为英雄总是在自己的世界里，他们不需要别人的安慰，只有自己的成就，才是最大的安宁。

想了很久，我给老肖发："过几天我回北京，咱们喝酒吧。"

他贱贱地回了个表情："Why not?"（为什么不？）

### 3

肖央的理想是成为一名画家，他十多岁时来到北京，报考中央美院，第一年就落榜了。

第二年，他奋起直追，没日没夜地复习，躲在一个小房间里，终于考上了。

从美院毕业后，他一直飘荡在北京的各个角落，接一些广告，赚了一些钱。那段日子，他入不敷出，赚来的广告费只够他勉强维持生活。

但他不服输，决定追求自己的梦想，在无数冷眼中，他放弃了拍摄商业广告。这一路，只有王太利支持他，后来他们组成了"筷子兄弟"。2010 年，一首《老男孩》红遍了大江南北。

再后来，他们有了家喻户晓的《小苹果》。每次走到街上，总有妈妈来到他身边，说孩子是听他们的歌曲长大的。他就在一旁笑，然

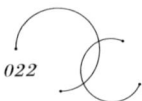

后给人签个名。

我经常问他："你想过自己会红吗？"

他说："我从来没想过，直到今天，我还是不太适应出现在人群中。"

2019 年，我请肖央来我的新书《人设》的发布会。他说："我特别害怕自己有人设，因为当你有人设时，你可以是任何人，唯独不是你自己。"我点点头，问："那你觉得你现在是自己吗？"

他没有直接回答我，而是说："无论谁怎么看我，怎么希望我，我就是我自己。我没有人设，我过的是人生。"

生命的无常很大程度决定于人对生命的态度，人必须倾力而为，老天才会助力相推。人的前行就像骑单车，人在左边蹬，命运在右边踩，而任何人，都有自己的单车。

我很喜欢肖央，因为从他的电影里，我能看到像周星驰作品里的那种小人物一样的倔强，他们对命运不投降，在挫折中保持坚强，他们沁透着渴望，他们被逼无奈，却依旧骑着单车，试图飞翔。

我问过老肖："如果当初你没红，还会继续唱歌吗？"

他说："我会的，我又不是唱给别人听，我是唱给自己听的。"

是，如果没人听，那就唱给自己听吧。

# 4

我经常会被问到类似的问题，这些问题都以这样一句话作为前提："我是一个普通人，我是一个小人物，那么……"

这很奇怪，谁又不是普通人，谁又总是大人物？

这不是人不作为、不努力的理由，更不是放弃前程的借口。

电闪雷鸣耀夜空，暴雨狂风又彩虹。

那些磨难，都是让自己进步的经历，无论结果如何，至少自己不后悔。

肖央说："只要你心里晴朗，再坏的天气也不会怕。"

一个小人物，也可以有超级英雄梦；一个普通人，也可以体面地奋斗。

就算奋斗后还没有结果，至少要保持一颗晴朗的心，至少，能在三十岁后，告诉自己："我无怨无悔。"

# 成为强人，是你一生的功课

<u>1</u>

　　有一次，我跟一群电影人在一个酒局里聊天，宋方金老师讲了一个故事：

　　从前，一个武士在树下乘凉，忽然感觉到一股水从天而降，一闻，臊的。他一抬头，一个小孩在树上正冲着他尿尿。他站了起来，弹了一下小孩的私密处，笑嘻嘻地说："你真可爱。"说完，他把孩子抱了下来，拍了拍孩子的脑袋，让孩子走了。一会儿，一个秀才也爬到了树上，对着武士尿了泡尿，武士抬头，看到了那个秀才。他二话不说，站起来，一刀就砍死了他。那么请问，这个故事里，谁是恶人？

　　大家纷纷讨论，有人说小孩是恶人，因为他是第一个站在树上对人尿尿的人。有人说秀才是恶人，这么大的人了，还站在树上学孩子对别人撒尿，不尊重人。大家讨论着，直到我们都忽然意识到，真正的恶人，其实不是别人，是武士。

　　他凭什么觉得秀才就是大人，所以砍死他？凭什么觉得小孩就是小孩，所以放掉他？仅仅是因为他们的长相，仅仅是因为身材吗？他凭什么用自己的思想决定别人的边界？那个小孩可能是一个侏儒吗？那个秀才可能是一个智障者吗？还有其他可能吗？这些事情都没有被考虑到，而武士只是按照自己的逻辑和经验就为别人的生命做了决定，这样的人还不够恶吗？

　　那天，我们得到了一个有趣的结论：在这个故事里，限制别人的人，就是恶人。

　　其实，在生活里，限制别人的人，也是恶人。

　　而这样的恶人，比比皆是。

## 2

　　我曾经写过一本书叫《人设》，这本小说归根结底是想告诉大家

一件事：二十多岁的人，应该像云彩一样，被风吹过的地方，就是你可以成为的模样，而你可以成为任何你想成为的人。

我之所以这么说，是因为我在二十多岁时，就是这么过的。在这种突破中，我受益良多。

在有了点名气后，我在网络上遇到过很多不友好的言论，说实话我已经百毒不侵了，也不在乎这些话是怎么评价我的，但有一种言辞，直到今天，依旧能让我感受到对方深深的恶意，那就是"你还是好好当老师吧"。

可是，凭什么呢？

我虽然不会为这种话动怒，但可以理解这种话的潜台词就是这种武士的思想：他正想用自己片面的思想决定你的边界，用自己的武士刀终结你的突破。最可怕的是，你还没有对着他尿尿。

仔细想想，我们身边有多少人，用着这种武士的思想，限制着我们的人生。

当你想换专业时，当你想考研时，当你想换个城市时，当你想换个男朋友时……身边总有这样的声音："你还是保持原样好了。"

当一个人想要有所突破时，他会忽然发现，身边人都是一些武士，拿着刀，挥舞着，对着树上的自己。

直到今天，我依旧感谢二十多岁时的自己，他勇敢坚强、善良倔强，于是他持续突破自己的界限，一次次成就更好的自己。其实，当我每次在决定转型，做点不一样的事情时，身边总有这样的恶语："你还是好好当兵吧，你还是好好教英语吧，你还是好好写作吧，你还是好好打工吧……"这些声音，就像树下的那个武士，他疯狂地朝你挥舞着砍刀，要置你于死地。

但你唯一需要做的，是坚持一颗改变的心，但凡决定要改变，就一定要勇往直前，努力朝着前方，这些比什么都重要。

## 3

写到这儿，我想起了我的一位好朋友程一的故事。

程一原来是一位婚庆主持人，用他自己的话说，就是在婚礼现场的台上比新郎还高兴的那个人。他一天到晚大声喊着"爱情果，一线牵，象征浪漫好姻缘"，喊到声嘶力竭，喊到热泪盈眶。

他主持过很多场婚礼，却唯独遇不上自己的爱情。在一次次的打击和刺激下，他决定转行去北京找工作。

身边的声音不停地在说："你去北京干吗？河南还不够你发展吗？就你这个长相和声音，你能去北京发展吗？"

武士朝他挥着刀，但他巧妙地躲过了。

他硬着头皮，到了北京，先后投了好多份简历，都被拒绝了。对方不是说他学历不高，就是挑各种理由不要他。

有一次他去一家电台面试，一个中年女人问他："你喜欢谁的歌？"

程一说："我喜欢刘德华的歌曲。"

那个女人阴阳怪气地说："他都已经过时了，你还听他的歌！赶紧走！走快点！就这样还想当 DJ 呢？还是好好回家自己干吧。"

这世上，果然都是这样的武士，都是这样的武士刀。

但他依旧没有放弃，在多次找工作被拒绝后，他在家里反思。既然世界不要我，那我要想办法自己活。于是，他开始创业了。

谁也没想到，他戴上了面具，决定不靠脸，用声音感动每一个孤单的灵魂。就这样，他设立了程一电台，陪伴无数失眠的人，他坚持每天陪伴远方的陌生人，坚持每天录音直播。几年后，程一电台从默默无闻，变成了中国最大的深夜成长陪伴类电台。很快这家公司也得到了资本圈的肯定，红杉资本领投，让程一电台如虎添翼。他开始招聘小伙伴，工作室也从一个小区的三居室搬到了一个大的写字楼，许多人听说了他的团队，纷纷来应聘。其中一个中年女人的到来，让他穿越到了那段他最窘迫的日子，有趣的是，这个女人就是当初那个轰他走，讲话阴阳怪气的武士。

她来面试时，程一还戴着面具，她自我介绍了半天，程一十分冷静，问她："请问你喜欢谁的歌？"她说了好多人。程一又冷静了一下，说：

"你喜欢刘德华吗?"

那个人很想从程一的微表情里得到答案,但只有一张《V字仇杀队》中男主角所戴的面具摆在她面前。那个人还算诚实,说:"一般。"程一笑了笑,说:"那不好意思,我们只招喜欢刘德华的人。"说完,他站了起来,转身走出了房间,不留下一片云彩。

就这样,故事情节反转了过来。这家伙讲这个故事时嘴里还念叨着:"莫欺少年穷,少年也能出英雄。"现在,他越来越自信了,一去KTV就点刘德华的歌,唱得也不好听,但就是喜欢唱。这搞得我们现在手机里放的都是刘德华的歌,每次一起出差,我们都感觉"冷冷的冰雨在脸上胡乱地拍"。但好在,他活成了自己喜欢的模样。一个自信的人,总透着对命运的不服输,对世界围剿的不低头,对武士挥刀的不妥协。

其实,当一个人可以努力活成自己的模样时,他也就逐渐不会去在意别人的眼光了。

在很多场合里,我都在鼓励二十多岁的朋友:"无论你是谁,都请你努力活成自己的模样。"因为无论你做不做自己,总有人不喜欢你,但如果你做自己,这个世界上就多了一个人喜欢你,这个人就是你自己。

我曾经写过,我们是人类,但不是一类人,而我们终其一生,就是要找到我们的同类,和他们为伍,和他们并肩。

　　程一在自己三十岁那年，减了四十斤，每次他见到我，都要自夸一番。但他的自夸方式很奇怪，他总会说："龙哥，我觉得你胖了啊，至少有四十斤。"我说："程一，你减肥有什么用，你可别忘了你戴着面具。大家并不会觉得你很努力，大家只会觉得面具下换了个人嘛。"

　　但在他的鼓励下，我也开始健身了，很快，我也瘦了二十多斤。那天我去他们公司，我惊讶地发现，他们公司的小伙伴都在减肥。程一很高兴地告诉我："龙哥，你看，只要你按照自己的想法去活，你就会成为别人的光，成为别人的灯塔，感染每一个人。"程一自己说得很感动。我跟他开玩笑，说："弟弟，不要自作多情，我问了你们公司的小姑娘，人家说，听公司同事说，在这家公司，如果不像老板一样减肥，好像是要被开除的。"

　　程一的故事告诉了我一个道理，人这一生可以有无数种可能，你可以成为自己想成为的模样，只要你永远逆风不尿，乘风破浪，飞奔在属于自己的路上。

## 4

　　2019 年，我二十九岁，在二十多岁的尾巴这一年，我写了一本小说叫《人设》。

不知道当这本书出版时，这部由小说改编的剧是不是已经在制作过程中了。

在写《人设》的时候，我还在教课，白天我在故事里遇到那些戴着面具的人，晚上我又看到一群二十岁出头的孩子。在课上，我总告诉学生，不要限制你的可能，也别让你的人设毁了未来。

他们很好奇，想："我们学生哪有人设啊？"

是吗？当你选择了这个专业，进入了这所学校，去了这座城市，这些标签都贴到了你的生活里，成了你人设的一部分。所以，你学的是计算机专业，是不是一定不能成为作家；你学的是英语专业，是不是一定不能成为主持人？不是，只要你还相信，人设设计不了未来，未来的多样性掌握在你的手上。千万别让别人告诉你你不行，你才是自己的主宰。

随着逐渐成长，你总会在人生的路上，遇到这样或者那样的武士，这些人说着什么、做着什么，他们可能是好心，也是好意，但他们最终做的事情，都是在限制你的可能。如果说这个世界里真的有恶人，那么这些人在你的世界里，就是。

我经常说，三十岁前，要给自己玩命做加法，这样到了三十岁后，才能有机会给自己做一些减法，做到"断舍离"。

《双城记》里说："这是最好的时代，也是最坏的时代。"

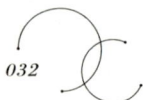

这句话放在这个时代，依旧适用。

对那些不敢突破自己的人来说，当然，这个时代很坏，坏到但凡你每天的生活一模一样，大数据就会根据你的喜好强化你的喜爱，让你永远成为那个生活单一的人。想想网上的那些小视频，你喜欢什么，大数据就会强化你的喜爱，固化你的界限，直到有一天，你什么也没有了。

但对那些敢于探险、敢于突破自己的人来说，这个时代，充满着美好，因为这个时代的上升途径是最多的，有无数种可能帮我们到达彼岸，只要你还相信，只要你还一直在路上。

别被恶人打败，记住：成为强者，是你一生的功课。

# 你只是看起来很极致

## 1

我有一个好朋友叫"剽悍一只猫"，他是个网红，曾经也是个英语老师。

我跟"剽悍一只猫"相识在一个饭局，我们文化圈在北京没事就组织饭局。第一次见面我就断定，他是一个极致的人。

六个人的饭局，一般人觉得点六个菜就够了，优秀的人点七到八个菜，"剽悍一只猫"却点了十个菜，还加一个汤。

当时我就觉得，这个朋友连点菜都那么极致，要交。

后来是我买的单。

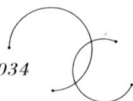

买单的时候，他走到我面前说："尚龙老师，你这个朋友我交定了，你真是一个极致的人。"

接着，我们就成了朋友。

后来我才知道，他是个很极致的人，那顿饭是我和他吃饭唯一一次我买的单。

他记得买单的每个人，并且会加倍地还给他们。他之所以喜欢买单，是因为他信奉一个原则：和牛人交朋友、向牛人学习是唯一的出路。

他原来是一个学校的老师，因为不满学校制度化的管理，而从学校辞职。很快，他意识到，学习知识是世界上最重要也是最廉价的跃迁方式。

于是，他开始每天学习、读书、在线听别人的课。有一次，他在网上看到一个他喜欢的老师在上海有一次座谈，他立刻买了张从重庆到上海的票，约这位业内前辈见面，那时他的口袋里只剩下两千块钱。

前辈来到咖啡厅，他递上一张饼，说："怕您没吃饭，您一边吃，我一边跟您聊天吧。"

前辈笑了笑，说："我还真没吃。"

直到今天，他已经成了知识付费圈里的"大 V"。他的很多粉丝都在问我，他是怎么从默默无闻变成了现在的样子。

我说："我不太了解他的商业模式，但我知道，一个尊重知识的人，自然也会被知识尊重。"

2

不知道你有没有发现，在这个世界上，做到优秀已经不够了，因为优秀的人比比皆是，而且衡量的标准从来都不一样。所以，你必须做到卓越，卓越到每个人看到你都会竖起大拇指。

那什么是卓越呢？卓越就是把自己擅长的领域做到极致。

只有极致的人，才配得上精致的生活。

我和"剽悍一只猫"都是英语老师出身，现在在不同的行业奋战。各位可能不知道的是，中国是世界上英语老师最多的国家。

所以，在这个行业，优秀是不够的，你必须做到极致才能脱颖而出。

前些日子，央视主持人刘欣和美国的主持人翠西·里根在电视上辩论。许多人都惊叹于刘欣老师的口语，但谁也不知道，刘欣老师是中国第一个世界英语演讲比赛的冠军。也就是说，她的英语和表达超过了全世界许多甚至以英语为母语的演讲者。

我和她相识在2010年的一场英语演讲比赛，她是评委。直到今天，

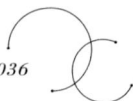

我还记得她曾问我以后想成为什么样的人。我说："我想当英语老师。"她叹了口气，说："那你的职业生涯可能会很难。"

直到今天，我确定了两件事：第一，刘欣老师对这个行业的判断是对的；第二，刘欣老师对我的判断错了。

其实，在所有人数众多的行业，都会呈现出金字塔结构：大多数人默默无闻，少数人比较优秀，只有极少数人才是行业精英。

而我在当老师的第一天，就写逐字稿，直到今天，我依旧保证每两小时的课，要有二十倍以上的备课量才能上讲台。

在一个竞争极强的行业里，你只有做到极致和卓越才能成为一个高手。而这一切，需要太多太多的努力。


## 3


我本科读的是军校，在军校里我听过一个故事，故事的主人公是一个大一的技术天才。

他刚到军校时，觉得自己像一棵果树长到了沙漠中，他发现自己跟周围的绿色格格不入。

于是，他开始自学计算机，准备拥有一技之长，然后离开这里。

大一那年，他通过了计算机二级和三级考试。大二时，他已经能熟练地编一些简单的程序了。

每天，在为数不多的自由时间里，他冲进图书馆查资料；学校不让用手机，他就偷偷地在厕所里搜索相关信息；时间被占用，他就把一些重要的代码写在纸条上，方便随时拿出来背诵……

有同学说，他的梦话都是编码。大家都觉得他疯了。直到有一天，他忽然想道："电脑上的游戏是不是可以放在手机中呢？"

于是他查阅了许多资料，写了一个复杂的代码，把这个代码和自己的简历投给了一家著名的视频网站。

可是，还没等到他们的回信，他就被拉到偏远的山区下连队实习了——军校的大二学生都要下连队实习。

连队管理严格，不让用手机，他问班长自己可不可以留着手机，因为有一通重要的电话要接，但班长说不可以，因为这是规定。

他请班长抽了包烟，班长说，好吧，用吧。

他兴高采烈，后来才发现那个地方根本没有信号——他被班长坑了。

好在山顶有一格信号，他每次都利用空闲时间跑到山顶，一边等，一边继续写代码。

就在他快要绝望的时候，一个电话打来了，视频网站那边的负责人说，看了他的编码，很感兴趣，希望他可以来视频网站入职。

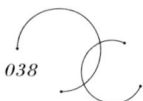

他激动到泪奔，问："可是，我没有学历，这个不要紧吗？"视频网站的负责人笑了笑，说："你觉得我们是对你感兴趣，还是对你的学历感兴趣呢？"

他热泪盈眶，提交了退学报告。

退学后，他基本上是被押送回家的，他的父母非常痛苦，差点决定再生个孩子。

他拿着五百块钱来到北京，就住在五道口的一个单间中，他每天都在公司加班，很少回家，他要证明，自己的选择没错。

一个月后，人力资源部给他发了条信息，说工资到账了。他拿着一张银行卡，找到了一个 ATM 取款机，输入密码后，他发现自己的卡里躺着一个自己从来没见过的数字：两万。

他的眼泪唰地流了下来，他给妈妈打电话，说："妈妈，我赚了两万块。"

妈妈很震惊，说："孩子，你不能干违法的事情啊！"

他高兴地"飞翔"在北京的夜空下，他的眼泪照亮了这夜空，也照亮了这世界。他用实际行动告诉这世界：如果现在的生活不是你想要的，请你一定要问问自己，你到底想要什么，你能为你想要的生活，做一点什么，做一点如果不够，就请你做到极致。

这个故事在我读军校的时候，给了我极大的鼓励。

我的父母是军人，所以子承父业像是一个正常的决定，可惜到了军校，我才发现，自己并不适合那里。

于是，我开始自学英语。我把自己关在一个空房间中，把前后门锁上，假设下面有很多人听我用英语演讲，每天讲四十分钟，把新概念英语和英文词典一遍遍地拿来背诵。

后来一次偶然的机会，我参加了一场英语演讲比赛，这竟然改变了我的命运，我成了一名老师。那时我一边上课，一边疯狂学习，之后，我成了一名作家。

但直到今天，他的故事都一直鼓励着我，在任何领域，都应该做到极致，否则，对不起自己的青春。

几年后，我带着我刚写的一个故事来到这家视频网站，在谈完事之后，走出公司时，忽然，我被一个声音叫住了："你是李尚龙吗？"

我说："是，你是谁？"

他说了自己的名字，瞬间，我愣住了。

我说："您的故事，是我的精神支柱。"

他笑着说："我也听过你的故事。"

现在，他已经是那家网站的技术总监了。当天，我们在五道口的一个大排档喝酒，喝到了凌晨三点，临走前，我们互相加了微信。在回家的路上，我看到他发了这半年里唯一的一条朋友圈："要把事情做到极致，生命才会闪光啊。"

配图是我们俩的合照。

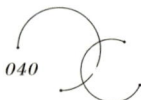

那一刻，我泪流满面。

生命的极致，在于突破、改变；青春的极致，在于不服输、不认命。但无论是凤凰涅槃还是破茧成蝶，本质都是生命的重生，那种痛苦都是钻心的。

如果你什么也不干，那么贫穷和衰老就是你唯一能获得的。

所以，要做一个极致的人，因为极致会带来生命的突破，而这些突破，能带你走向更广阔的世界。

## 若没人听你歌唱，你也要唱给自己听

　　很多人知道，卢思浩给我的第一本书做了推荐，他曾是我的偶像，现在是我的弟弟。所谓成长，就是你在逐渐接近偶像的路上，变成了一道光。

## 1

　　很多人都是在二十多岁时看卢思浩的书，快到三十岁时读我的书。网上有个帖子说，年轻时有两个男人应该在书本里霸占过大家的青春，

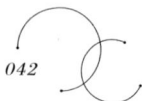

一个是卢思浩，一个是李尚龙。我觉得过奖了，二十多岁时你至少还读过单词书和新视野大学英语，但我很高兴，今天我们在南京同台了。

昨天和帅健翔老师在火车上，一位学生在微信公众号后台私信我，说："尚龙老师，我是您的粉丝，我想来接机。"

我当时特别激动，哥们儿奋斗了这么多年，也是有粉丝接机的人了。

但这个粉丝不知道，我坐的是高铁。

所以，刚一下高铁，我非常激动，帽子、口罩都没戴，因为我害怕这位学生认不出我。

下了高铁，我还故意走得很慢，看一看 LED 屏幕，看一看远处的横幅，看一看那类似闪光灯的东西……当然你们也知道，什么都没发生。

我的助理安慰我说："龙哥，虽然咱们被粉丝放鸽子了，虽然咱们没人认识，但咱们的书卖得好啊。您千万别难过，大不了一会儿到了现场，我们买一些粉丝。"

今天一看，确实买了不少，我估计主要都是卢思浩、帅健翔老师的粉丝。其实我并不是很在意来多少人，我在意的是来的人是谁。这是我今天的演讲主题："若没人听你唱歌，你也要唱给自己听。"

昨天我跟思浩喝大了，情到深处，我说："说句实话，南京是我的噩梦。"

2015 年，我第一次来到南京做签售，三百多人的教室里只来了三十个同学，还坐得特别分散，教室显得格外空旷。

演讲前，我深吸了一口气，默默告诉自己，无论有多少人，都要讲完。很多人以为我很坚强，其实不是，那些励志的话语，是我说给自己的，那些热血的故事，也是我讲给自己的。

我依稀记得，在那场演讲结束后，一个女孩子悄悄地走过来对我说："尚龙老师，你不用难过，下次你来南京，我叫着我父母、朋友、男朋友一起来看你。"

当时我特别感动，因为那个时候我真的很需要鼓励。我说："好，谢谢你。"

当然，那是我最后一次见到她。其实我早就习惯被粉丝放鸽子了。

从那时起，我深深地明白了一个道理，人心叵测，人性复杂。但也是从那时起，我明白了，无论有多少人听我演讲，无论有多少人看我的书，我都要继续讲下去，继续写下去。

因为我的热爱，和别人无关。

因为我的成长和倔强，都和别人无关。

在最年轻的日子里，你的青春你要尝试着自己做主，这意味着自己要承担自己的责任。无论别人说什么、评价你什么，甚至如何攻击你，那都是他们的事情，永远不要用自己的青春为别人的梦想买单。

无论他们怎么说，那都是属于你的青春。你只有一次青春，别让

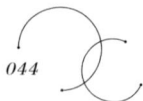

自己的赛道上，跑着别人的赛马。

昨天，我们在卢思浩的餐厅吃饭，喝酒喝到半夜，我望着南京的夜光，心情久久不能平复。南京的天气很奇怪，我就来了两天，却经历了春夏秋冬。这天气特别像商场做活动，满三十就减二十。

喝多了的我，披上了长袖衫。这变幻莫测的天气，就像我们变幻莫测的人生。

去年我来南京时，已经自信了很多，我逐渐感觉到了这座城市的爱。人就是这样，你越往高处走，越能感受到别人的爱；相反，你总在低处，看到的都是鸡毛蒜皮、尔虞我诈。

在去年的发布会上，有人问我："李尚龙，你洗头了吗？"因为大家知道我不爱洗头，但每当遇到这个来自灵魂深处的发问，我总想努力突破自己。

所以，今年来到南京，我洗头了。

我这个人不仅不怎么爱洗头，还特别不爱去理发店，因为每次我从理发店出来，总是透着深深的后悔。上一次，我的好朋友筷子兄弟的肖央老师对我说："尚龙，你之所以每次去理发店出来后都很丑，本质原因是你每次理发只花五块钱，而那个大爷没有学过美容美发。如果你可以多花点钱，想必可以更好。来，我给你推荐一个理发店。"

我说："你不会让我办会员卡吧？"

于是，前几天我去理发店，那个叫 Tony 的理发师问我："您想理成什么样？"

我说："理成就算不洗，也看不出来的样子。"

理发师说："您说的是光头吧。"

我说："你觉得我剃光头好看吗？"

他想了半天，说："我有个办法。"

我说："什么办法？"

他说："烫头。"

我吓了一跳，因为我以为烫头发会很疼，要拿开水烫。

但当 Tony 老师让我睁开眼时，我震惊了。这个发型的神奇之处在于洗了就跟没洗一样，当然没洗也跟洗了一样。于是，这是我人生第一次在一家理发店办了一张会员卡。虽然我昨天才知道，其实肖央老师入股了这家理发店，但我很感谢他。因为他的一段话，我不洗头的人设崩塌了，我爱上了美容美发，也认识了神奇的 Tony 老师，更解锁了更大的地图。

人这一生应该通过阅读、行走、学习、阅人，逐渐解锁更大的地图，看到更亮的世界。其实在二十多岁时，人最应该做的，就是拓展边界、探索未知、去伪存真、求知发问，打破不属于自己的人设。

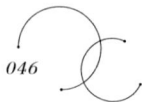

## 2

其实卢思浩就是这样一个人。

这些年，思浩一直是一个努力打破人设的人，他也是一个真正意义上的畅销书作家。他的文字总是能在你颓废沮丧时，重重地亲吻到你的伤口。那些伤口，要么愈合，要么就感染了。

我刚认识他的时候，是一个夏天。那阵子我刚失恋，心痛不已，忽然在网上看到了一句话："先变成更喜欢的自己，然后遇到一个不需要取悦的人。"

我顿时崩溃了，我的妈呀，这不是写给我的吗？

这个世界上怎么会有一个人这么懂我？

这是谁写的？定睛一看，三个大字映入眼帘：卢思浩。这是我第一次遇到这位作者。

后来我当了老师，每天上十个小时的课，连续上了一个暑假，那种上课强度是对身体和精神的双重考验。也是在那段时间，我明白了，打不垮我的，会让我变得更强。

记得有一天，我课上到一半，转校区时，电脑被偷了。

大家知道，对一个听力老师来说，电脑没了是致命的，因为音频丢了，你必须自己去读音频。

读音频不痛苦，痛苦的是听力里有一种题型叫对话题。

所谓对话题，就是一个男的和一个女的对话。你身为一个"直男"，说男生的话当然得心应手："Hello, I am a marketing consultant, I need to apply for a job."（您好，我是一名市场顾问，我要申请一份工作。）

但女生呢，我只能扯着嗓子喊："Of course, I can show the boss and lead you to the future."（当然，我会向老板说明，领你走向未来。）

我就这么尖叫了一节课，回到家，我痛苦万分，想着要不要放弃。我打开手机，胡乱刷着微博。

忽然，一句话映入眼帘："这个世界上没有不带伤的人，真正能治愈自己的，只有自己。"作者：卢思浩。

当时我就想，这个哥们儿太吓人了，每一句话都这么经典！后来我把他的书都买回来阅读了一遍。

再之后，我也出了本书，通过朋友要到了卢思浩的电子邮箱，给他发了条信息，大概内容是：思浩你好，我最近写了本书，虽然你不认识我，但是否方便给我写个序？

过了几天，思浩回复我了，他说："尚龙你好，我最近一直在睡觉，没有看手机。可以把稿子发给我吗？我给你写序。"

我特别高兴，回了几个字，静候佳音。

之后几天，思浩杳无音信。

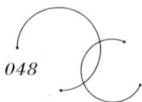

后来我才知道，卢思浩的拖稿能力在整个作家圈都是数一数二的，他被称为作家圈的重型拖拉机。他拖稿的方式五花八门，比如跟编辑说，他的稿子被他家的猫撕了，他昨天吃饭时把辣椒撒到了电脑上，电脑瘫痪了。

但我毕竟不是编辑，我是李尚龙啊，我多聪明，如果直接催稿，这会显得我没有深度。

于是，我找编辑要了三千块钱的稿费，直接转账给卢思浩，然后给他发信息说："据说编辑给你打了稿费，编辑问我，您的创作进度如何。我说别催你，你肯定是在认真写。编辑说，您不会拖稿吧？我说，怎么可能呢？你是我见过的最勤奋的作家。思浩，你说，我说得对吗？"

半小时后，卢思浩说："你说这不巧了吗？我刚写完。现在立刻发给你。"

你看，才三千块钱，思浩的人设就崩塌了，他变成了一个勤快的人。

后来他从墨尔本回国，进入了一家影视公司。我跟他喝酒的时候，他说："尚龙，我开始当编剧了，我开始写歌词了。"一个作家，开始写剧本、写歌词了。

他的跨界让我惊讶。直到前些年，卢思浩写下了一本书叫《离开前请叫醒我》，因为他跨界太狠了，看到这个书名，我脑海里立刻浮现出一场大火，卢思浩还睡在床上，脸上贴着一行字："离开前请叫醒我。"

当然，这是开玩笑，这本书还是一部很励志的作品。

前些日子，我们在一个酒局里，一位银行行长朋友请客，跟我和思浩聊理财、金融、区块链，他说得滔滔不绝，我听得云里雾里，卢思浩喝得不省人事。

于是，我决定撑这个行长，我说："你说的这些理财话题，看起来很重要，但相比于生死，我觉得完全不重要。"说着，我就准备把话题拉到我擅长的领域。

行长冷漠地说："尚龙，你之所以觉得不重要，是因为你不懂。现在哪个有钱人不懂资产配置？"

我说："我就是不懂，怎么了？何况我是个作家，哪个作家能懂经济？"

这个时候，喝得迷迷糊糊的卢思浩大声说道："尚龙，我就懂啊！我研究生在墨尔本读的是金融专业，这是我的老本行啊。"

我吓了一跳，说："那你怎么成了作家？"

他说："我只是不小心沦落成了作家。"

接着，他和我的这位行长朋友开始聊，在哪里买房划得来，在哪里投资靠谱。聊完，思浩还笑了笑，说："我在南京开了家餐厅，就在户部街洪武路160号5号铺，叫串蜀黍冷锅串串。欢迎你来南京的时候找我吃大餐。"

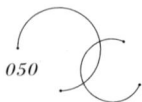

我终于接上了一句话："那你要不要跟我一起在南京做一场签售？"于是，有了今天我们俩的重逢和与大家的相逢。所以，感谢思浩的人设崩塌，感谢思浩的相助，我们在南京相见了。

再说一遍，那家餐厅的名字叫串蜀黍冷锅串串，地址在户部街洪武路 160 号 5 号铺，大家有空一定要去，去的时候可以提我的名字，把我在那里欠的费用都结算一下。

谢谢去的朋友。

## 3

作为作家，我们在大多数的时间里，都是孤独的，都要思考，都要想办法理解自己，懂得自己。

去年，我写了一个故事，叫《回不去的流年》，同名歌曲现在已经可以听到。在这个故事里，我写了这样一段对话。

阿瓜问小刚："如果我们唱歌没有人听，怎么办？"

小刚说："如果没有人听，那就唱给自己听。"

各位，如果这个世界的复杂和残忍超过我们的想象，逼着我们不能长成自己的模样，我们是要投降，还是选择"唱给自己听"的那股倔强？

　　这就是我想通过《人设》告诉你的，当你和世界不一样，那就让你不一样，去坚强，去成长，去长成自己的模样。

　　因为当你活成了自己的模样，就算这个世界都不喜欢你，至少，你会喜欢自己最好的样子。

Chapter **TWO**
第二章

三十岁
# 守则

三十岁，一切刚刚开始 ▲

# 三十岁，一无所有怎么办？

写给耗子的一封信

耗子，这么多年的发小，我也终于要给你写封信了。

肖央有部电影叫《老男孩之猛龙过江》。结尾处，王太利对肖央说："毕业了这么久，生活过得还是一塌糊涂，你说我们这辈子，是不是完了？"

肖央望向远方，说："就当我们今天才毕业吧。"

同样的故事，也发生在你身上。

那天聚会，你跟我喝了两杯，对我说："都三十岁了，我还这么一无所有，你说我这一辈子是不是完了？"

可是，生活不是戏剧，我不能学着肖央告诉你，就当我们今天才三十岁吧。

因为我们今天的确三十岁了，这样说，对你并没有帮助。

但是耗子，我遇到过很多三十岁还一无所有的人，他们这辈子并不是完了，因为三十岁才刚刚开始，大不了大器晚成。

可是也并不是每个人都在三十岁之后，生活有了起色，生命有了改变。我仔细观察过他们的轨迹，读过他们的传记，我发现：所有在三十岁改变过自己的人，都克服过自己曾经的毛病。

而耗子，三十岁一无所有的人，大多数都有这样的毛病。

许多人都有，包括我。


# 1. 注意力涣散

我曾在"重塑思维的十五堂课"里讲过一个公式："注意力大于时间，时间大于金钱。"

因为当一个人把注意力放在重要的事情上时，事情做好，钱自然就来了；但如果一个人只盯着钱看，那钱往往就到处跑了。

有时候，只盯着钱做事，结果要么钱没了，要么钱来得不正当，到头来都是得不偿失。

人到三十岁还一无所有的主要原因，就是没有一颗专注的心。

做事情三分钟热度，对所做的事情不热爱，动不动就拖延，生活上得过且过，觉得自己是烂泥扶不上墙。于是，每天过着一模一样的生活，不改变、不进步。

久而久之，注意力越来越差，心流持续时间越来越短，人就变傻了。

专注能提升一个人的幸福感，提升一个人的能力。这世界上许多伟大的事情，都缘于专注。而在这个时代，手机是打破专注的魔鬼，我们随时都在被打断。5G 的到来，让万物互联，获取信息变得简单，我们被零散的信息带着到处跑，到头来，却逐渐忘记，自己需要的是什么。

注意力涣散给现在的人们带来了很多问题，比如，人们越来越难把精力集中在一件热爱的事情上，人们开始同时做好几件事，开始无法深入一件事情去突破自身极限，开始对所有事都有涉猎，对所有事都不精通。

可你知道吗？一个人一旦丧失了热爱，也就丧失了专注；一旦丧失了专注，在事业上必然会走下坡路。

所以耗子，三十岁一无所有的人，往往从二十多岁开始，注意力就涣散了。

好消息是，注意力就像肌肉，可以通过训练重新拥有；更好的消息是，三十岁不晚，一切都来得及。

## 2. 不锻炼身体、拒绝体检

三十岁时，另一个不好的习惯是，不锻炼身体、拒绝体检。

你不锻炼，身体自然就糟糕了；你不体检，身体也在变糟，只是你不知道而已。

三十岁前，你可以做任何你想做的事情，你可以熬夜，你可以暴饮暴食，你可以宿醉，你也可以几天不喝水，因为你身体健康，因为你年轻。可是到了三十岁，许多人刚想做点什么，却忽然发现身体不行了。

你越长大，你的身体越容易背叛你，你兴高采烈准备大展宏图，忽然身体的警告灯亮了起来，你什么也做不了，只能等待身体的康复。

人在健康的时候，往往不知道自己是健康的，只有在开始关注自己的身体时，才会发现身体不行了。

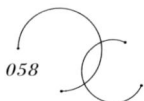

网上有一个段子说，美国人每年花一千块钱锻炼，一百块钱买补品，十块钱买药，一块钱抢救；中国人是反过来的，中国人花一块钱锻炼，十块钱买补品，一百块钱买药，一千块钱抢救。因为我们从来不会未雨绸缪，所以我们只能拿最后的金钱，孤注一掷。

耗子，你可以算个账，三十岁时，你可以一无所有，但如果你有个好身体，就有资本重新开始，打持久战、跑马拉松。人生不是什么百米冲刺，而是一场漫长的旅行。

从这个角度看，我们并不是一无所有，我们还有健康的体魄。

你还记得，我在每天上课结束后累得半死不活，还要办健身卡跑步的日子吗？

你还记得，我下了课从五棵松跑到国贸大汗淋漓的那天吗？

直到今天，再忙我也会坚持锻炼。

因为只要身体健康，即使现在一无所有，我就还是富裕的。

## 3. 不存钱

耗子，如果一个人在三十岁时还一无所有，那是因为他还有一个特别坏的毛病：不存钱。

二十多岁时缺钱是常态，很少有人能在二十多岁就实现财务自由。但如果每个月都把工资花光，每个月都透支下个月的收入，那么这样的困境并不是因为你的钱赚少了，而是因为你的欲望变大了。

我在赚到第一个月的工资时，就决定以后把每个月工资的百分之二十雷打不动地存到一个定期账户里。一年后，我存了好大一笔钱，后来我用这笔钱投资，竟然也能利滚利了。

有一本书叫《钱：7步创造终身收入》，听起来是很可怕的书名，这本书又厚又重，但读起来确实有用。书里的第一章，就表明了两个重要观点：第一，年轻时一定要重视存钱的重要性；第二，当你有存款时，要学会用钱生钱，用利息养活自己。

但你看看身边的这些朋友，他们夜夜笙歌，没有成就，时刻犒劳自己，动不动就花三个月的工资买个包。他们中的很多人收入不少，却存款了无。到了三十岁，想干点什么，卡里都没有存款，家人生病，忽然需要一大笔钱，还要东奔西走，求爷爷告奶奶。

都说成年人的崩溃，从借钱开始。我觉得成年人的崩溃，应该是从不存钱开始的。因为不存钱，总有一天会借钱，崩溃是早晚的事，怨不得别人。

这些年，我很害怕在公开场合讲存钱的重要性，因为总有人拿那

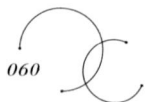

一套跟我说："钱不是万能的。"是啊，钱不是万能的，但没有钱，是万万不能的。

钱买不到爱情，但钱能买到猫。

耗子，我每次在演讲时，都想跟我的学生说，在二十多岁时适当地存钱其实很简单，因为只需要做两件事：提高收入，限制欲望。

提高收入要从提升能力开始，限制欲望要从自控开始。

## 4. 有执念

耗子，我们认识了这么多年，我总是在对你说一些我自己认为正确的价值观。

你曾经告诉过我，说你不是我的学生，让我少说点。

所以在生活里，我逐渐话变少了。

你知不知道，为什么这些年我变了，不再跟你说这些话了？因为我也意识到了我的毛病，这应该是阻挡我前进的最大的障碍之一：有执念。

人到三十，放弃没必要的执念，减少没意义的可能，都是必要的。

我曾以为，每个人都应该像我这样打鸡血似的活，但我错了，每个人都有自己的生命轨迹，都有自己的生活周期。你的生活，不能强加给别人。

我曾经特别希望咱们这帮好朋友长大以后，一起买个别墅，住在里面，白天工作，晚上喝上两杯酒。

但随着我逐渐长大，我越来越明白，放弃执念，接受这世界和自己的不完美，才能拥有更多。

现在，咱们的关系反而更好了。

执念和坚持是不一样的。坚持是当你知道这件事还有可能时，你的意志告诉你，再走走；执念是你的内心明明告诉你这件事无望，你还要继续向前，直到撞到南墙。

耗子你看，我们身边有多少朋友，都是充满着执念的。

这部戏明明做不成，他非要投那么多钱进去，结果血本无归；这个男人明明不是她的最终归宿，她非要嫁给他，结果不到一年就离了婚，还有个孩子不知该由谁抚养；这本书明明就可以定这个封面，他非要我行我素，结果最后错过了最佳的出版时机。

执念会害死人的。

耗子，我也是在这两年，才逐渐和自己和解，开始接受自己的不完美。

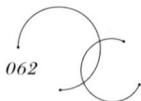

我惊奇地发现，当我选择放下时，许多困扰就会迎风化解，面前的路反而更宽阔了。到了三十岁，我更加确定要给自己的生活做减法了，所谓做减法，就是要对没有意义的执念做"断舍离"。

但这一切的前提是，在二十多岁时要给自己做加法，之后才配拥有这种心境。

## 5. 不学习

耗子，我说到这儿，不知道你还有没有心情听我继续说下去。如果可以，请允许我把话说完。

因为三十岁一无所有的人最大的问题，只有三个字：不学习。

每次我拿着书在你面前晃，你总是问我："读这些东西干吗？"我没有批评你，因为许多人都这样，用已有的习惯评价着身边的人、过着自己的生活。

记得那次吗？我在地铁里看莫言的《丰乳肥臀》，旁边的一位大哥笑得打滚，说："你在公共场合看黄书啊？"我特别无奈，因为这本书讲的是一个时代的变迁。

另一次，我在学校的休息室里看帕特里夏·麦考密克的《希望永远都在》，一个老师走了过来，很鄙视地看着我，说："你也看鸡汤？"他不知道，这本书讲的是柬埔寨的历史，里面血淋淋的，是一个时代的硬伤。

人们总是喜欢先入为主地评价别人，却不知道背后的逻辑也可以很复杂，不知道自己所知道的真的很少。所以，学习是一辈子的事情。

今天，当我看到一件奇怪或者不懂的事情时，我的第一想法不再是评价，而是思考有没有值得我学习的东西。

耗子，这个时代是需要终身学习的，而学习的方式，并不局限于坐在教室听老师讲课。它取决于，你有没有一颗求知的心，你有没有一个对万物好奇的思维习惯。

到了三十岁，我更想说，不要抱怨自己一无所有。因为所有的贫穷，到头来，都是思维的匮乏、知识的稀缺。而学习，能弥补这一切。

耗子，我们在上初中时相识，到今天已经是快二十年的老朋友了。眼看我们从一起打篮球，到一起追女生，到一起读大学，到一起工作。终于，我们一起跨入了三十岁，接下来，我们还会一起跨入四十岁。

我知道你喜欢听《老男孩》，前些日子我和肖央又聚了聚，我说："从那时我看你的《老男孩》，到今天我也成了老男孩，我他妈三十岁了。"

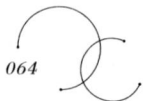

肖央跟我都是白羊座，他比我大十岁。

还记得那天，他说："尚龙，我他妈今年四十岁了，但我以过来人的身份告诉你，这十年，绝对值。"

在你四十岁那天，我想再把这封信拿出来读给你听，不知道你会不会这么对我说：

"尚龙，三十岁时，我一无所有，今天四十岁了。我忽然觉得三十岁那天，才是我出生的第一天。"

祝我们青春无悔，到四十岁那天，我们再对酒当歌，笑着说："这十年，绝对值。"

# 三十岁前，我的成长法则

三十岁前，我对自己的要求是这样的：你可以放松，但不能放纵；你可以放肆挥霍你的青春，但同时你要为自己负责。

就好比，你可以熬夜打游戏，但你不能耽误明天上午的考试；你可以通宵买醉，但你不能耽误明天早上的答辩；你可以跟老板发飙，但你要有足够的能力在下一家公司落脚。

如果你的任性耽误了正事，那么所有的放松必然就成了放纵，所有的放纵都会变成对自己的惩罚。

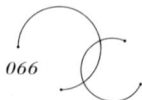

## 2

文身、买醉、蹦迪，这些看起来很酷的事情其实一点也不难，难的是，你坚持健身、每天读书、持续背单词，而且坚持一年。

一年后，你能成为一个真正很酷的人，因为你做了件难事。

## 3

如果觉得生活苦，那么别去寻找舒服的方式让自己苦中作乐。

去做一些让自己更苦的事情，比如学习。

因为，你只有吃了学习的苦，才能避免生活的苦。学习的苦和生活的苦唯一不同的是，学习的苦主动，生活的苦被动。

所谓被动，就是你什么都不干，它就来了。

同样，什么都不干就会到来的东西还有以下两件：贫穷和衰老。所以，请主动成长、主动学习。

## 4

我看过一段话，说为什么你不理解那些在乎几块钱的人，举个例子，如果你的手机有百分之百的电，你会在乎那掉的百分之一的电吗？不会。但如果你只有百分之五的电，你会在乎那掉的百分之一的电呢？

这个例子看起来很有道理，但可以反问：你这么年轻，为什么这一生都要把自己逼到只剩下那百分之五的电呢？

出门前充个电不行吗？出门前带个充电宝不行吗？再不行借个插头总可以吧……

人为什么一定要把自己逼到绝境才编个故事安慰自己呢？

对于刚进入职场的人，平时能存点钱就存点钱，没钱就去工作、学习，去找更好的生活方式，去设计自己的生活，永远不要把自己逼到绝境再做选择。

## 5

我经常对身边的朋友说，别总是相信什么"阶层固化"这样的鬼话。在中国，阶层再怎么固化，也有无数条上升的途径。

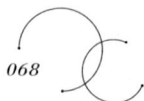

至少，个体是没有固化的。

你之所以觉得自己会固化，是因为你生来觉得自己和别人一样。其实，怎么会呢? 你和别人根本就不一样，我们都是人类，但不是一类人。

你就是你自己的神，在你活的地方。

## 6

你看别人在玩，所以你也去玩，可别人回到家在学习，你还在玩。最后别人考了个高分，你夸别人是个天才。

大多数人的努力程度远远不到拼天赋的地步，所有的提高都是自己跟自己的约定，所有的成长都是自己跟自己的秘密，这些都和别人无关，也不用向别人汇报。

## 7

这个时代的每个人都很焦虑，我曾写过: "打败焦虑最好的方式，就是赶紧去做那些让你觉得焦虑的事情。"

在路上的人不会觉得焦虑，他们会觉得充实，焦虑没有用，奔跑，才能看到终点。

## 8

牛人和菜鸟的区别其实并不在智力上，他们主要的区别只有一个：牛人认定一件事，就会坚持下来；菜鸟认定很多件事，干两天就喜新厌旧了。

你不得不承认，这句看起来很鸡汤的话，其实是真理："这世界上的许多美好，都缘于坚持。"

找一条正确的路，一点点地走，咬紧牙，别停歇。

一年之后，你会惊奇地发现：天啊！这世界，还真的跟我之前看过的不一样呢！

# 要么孤独，要么庸俗

## 1

我已经数不清这是我第几次一个人去看电影了，每次在一天忙碌的工作后，我总想找个没人的角落读一本书或者看一部电影。

这次看的是爆米花电影《X 战警：黑凤凰》——一部特别适合一群人一起看的电影。

这些年，我已经喜欢上一个人去电影院的感觉。在家买张靠走廊的票，到了时间就走到楼下，买瓶水坐进电影院度过两个小时属于自己的时间。

我不觉得这是孤独，反而觉得这是享受。

至少，在这两个小时里，没有工作的打扰，没有人说话，不需要跟人沟通——这段时间是属于我自己的。

如果恰好赶上这是部好电影，那这两个小时可算是赚了。

这一次，我依旧是一个人插着口袋等电影快开始时溜进电影院，刚进门，一个声音打破了只属于我自己的时光："尚龙老师？"

我回过头，两个小姑娘笑嘻嘻地看着我。

然后她们尖叫了起来："天啊，你真的是尚龙老师！是活的。我们是你的读者。"

一向善于言谈的我，忽然莫名其妙地紧张了起来，说了句很尴尬的话："你们也来看电影啊。"

废话啊，她们来电影院不看电影干吗，打扫卫生吗？

她们的回答更尴尬："是啊是啊，您一个人来看电影啊。"

我看了看身边，说："是啊，我一个人。"

她们的眼睛里露出了一丝同情的目光，仿佛在说："没想到你浓眉大眼的李尚龙，也有今天啊。"

其中一位姑娘说："您要不要跟我们一起看啊，我们旁边的位置是空的。"

我想了想，说："没关系，我一个人挺好。"

姑娘说："那好吧。我们能跟您拍个照吗？"

我说："好。"那一刻，我真的特别痛恨自己当天没洗头。

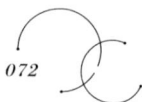

这俩姑娘，拍完照也不忘数落我一句："没想到您这么大的腕儿也没人陪啊，我们就住在附近，下次可以叫我们一起看。"

我点点头，微笑地说："好的。"

## 2

电影结束，我几乎是落荒而逃。

但我走错了方向，又折返了回来，无奈，再次看到了这两位女生。

又是一丝尴尬涌上心头，我和她们一起坐电梯往下走。到了楼下，姑娘问我："是不是我们做错了什么，您不愿意跟我们聊天？"

我说："别傻了，不是的。"

她们问："那您为什么不愿意多跟我们聊聊天呢？哪怕聊聊这电影为什么这么差也好啊。"

我想了想，说："我不知道自己从什么时候开始，就喜欢一个人待着，喜欢那种不被打扰的感觉。"

她们觉得特别奇怪，说："怎么会有人喜欢这种感觉？就算有人喜欢，那个人也不应该是您啊。"

我耸了耸肩。

她们说："那好吧，不打扰您了老师，再见。"说完，她们蹦蹦跳跳地走了。

看着她们的背影，忽然有一句话到了我的嘴边："珍惜只属于自己的孤独时光吧。"

我还是没说出来，回到家，我打开了日记本，翻到了我十年前写给自己的话："耐住寂寞，守住繁华。"

人越长大，越难拥有孤独和只属于自己的时光。随着你的社会网络越来越发达，人际关系越来越密切，认识的人越来越多，要做的事情越来越杂，属于自己的时间必然越来越少。

尤其是成家后，一个女孩子当了妈妈，属于自己的时间，所剩无几。白天有工作，晚上有家人，只有等孩子睡着，才能感觉到这世界上有一点属于自己的安静而孤独的时光。

一个男人，在外是员工、老板，在家是丈夫、父亲，只有在车里的几分钟，才是自己。

我曾写过"孤独是最好的升值期"，直到今天，我快三十岁了，孤独的时间也越来越少了。

但我依旧十分感谢那个时候的自己，感谢自己没有浪费孤独的时间，而是在孤独中修炼，成就了更好的自己。

我曾在最孤独的时候告诉自己："在没人看得见我时，我也要默默发光。"

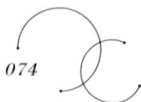

于是我闭关学英语，课后写作读书，久而久之，我明白了，孤独并不会让人变得更好，孤独会让人得病，孤独中的修炼才会让人变得更好。

泰戈尔曾经写过："只有经历过地狱般的磨砺，才能练就创造天堂的力量；只有流过血的手指，才能弹出世间的绝响。"

阿信也在歌词里写过："每个孤单天亮，我都一个人唱，默默地让这旋律，和我心交响。就算会有一天，没人与我合唱，至少在我的心中，还有个尚未崩坏的地方。"

这样的时光虽然听起来很难，却饱含着青春里最美的感觉。

当你老了，这些平静努力的时光，依旧能让你热泪盈眶。

## 3

我经常会在梦里穿越到自己二十岁出头的日子。

在图书馆里，我看着那个苦哈哈的自己，在一旁给他打气加油，告诉他："李尚龙，你并不孤单。你的努力，在时间的温暖下，都会生根发芽，使你变成更好的你。但现在，请一定要坚持，请一定要用寂寞的时光，打磨一技之长。"

我依稀记得那些一无所有的日子，哪怕是考了个第一名，都会让我笑三天。

年轻时，人特别喜欢犒劳自己，没干出什么成就，先犒劳一顿大餐、一个包、几瓶酒，但人的阈值一旦被提高，就很难再次被满足了。

人总被犒劳，却没有苦劳，这样是很难理解努力的价值的。

那时，我身边的朋友都在一天的操课后，在晚上打开电脑打起了游戏，而我一直到从军校退学时，都没有给自己买一台笔记本电脑。

我一直觉得在二十多岁时定期保持和人群的距离，是一个很好的习惯。

因为只有这样，你才能够做到独立思考，不去合无聊的群，不被别人打扰。我不是说不去社交，不去合群，而是要去合更好的群。

有时候，并不是优秀的人不合群，而是他们的群里没有你。

二十多岁时，如果寻求不到高质量的社交，只剩下酒肉朋友，那么孤独反而是更好的提升自己的方式。

孤独是一个人的狂欢，相聚是一群人的孤单。

我记得叔本华写过一个故事，活到了七十二岁的他，在人生最后的二十多年里，一直居住在法兰克福。他经常会去一家名为"英国饭店"的餐馆和当地的绅士们聚餐。有那么一段时间，每次吃饭前叔本华总会把一枚金币放在桌子上，离开餐馆时，再把金币揣进上衣口袋。有服务员就问他："您总是把金币放下，又揣起来，这是为什么？"叔

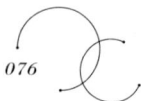

本华说："如果我哪天听到这些英国人，讨论了除了女人、马和狗之外的更严肃的话题，我就把这个金币送给门外的穷人。当然，这么多年，我从来没有给过他们。"

这样的社交，在我们身边比比皆是，它们重复着、无聊着。

每年回家，我都特别害怕跟一些亲戚交流，他们每年的今天都在讲一模一样的话，只是更换了一些数字。比如，今年赚了几万块，去年是十几万块。

我曾经写过："只有等价的交换，才能换来等价的友情。"这句话，在成人世界里，是一张通行证。

当一个人发现自己还没有办法更好、更自信地和人交流时，记得，默默地成长、平静地努力，比跟谁社交都重要。无论与谁社交，到头来都是与内心深处的自己交流。

村上春树写过："哪里会有人喜欢孤独，不过是不喜欢失望罢了。"

但其实，所有的失望，都源于对自己的不满。

我可不可以去更远的地方，可不可以去更高的地方，可不可以去更大的地方？因为那些地方，有更好的朋友，和更好的自己。

叔本华还写过："人，要么庸俗，要么孤独。"

庸俗地合群，孤独地绽放。

二十岁的你，会怎样选择？

# 4

为什么很多人不敢独立?

因为二十多岁时,做一个独立的人,是需要勇气的。

其实有了勇气,还远远不够,你还需要独处的能力。

叔本华写过一本书,叫《人生的智慧》,书里说:"只有当一个人独处的时候,他才可以完全成为自己。不热爱独处的人,也就是不热爱自由的人。"

我或许没有"热爱独处"这么高的境界,但我相信,只有学会独处,才能在这个世界里更好地成长和生活。

因为无论你学不学会独处,孤独都是伴随我们一生的。

我们带着哭声,一个人来到世界;我们带着别人的哭声,一个人离开世界。

曾经我以为,越长大,越孤单,后来我慢慢发现,长大后,这个星球只有我一个人。

所以,在这个只有一个人的世界里,请一定要坚强,学会独处,学会一个人也能活得很好的能力。

三毛写过:"如果有来生,要做一棵树,站成永恒,没有悲欢的姿势。一半在尘土里安详,一半在风里飞扬,一半洒落阴凉,一半沐浴阳光……非常沉默、非常骄傲,从不依靠、从不寻找。"

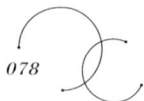

但我认为，三毛极端了。我并不是想告诉你，社交没有必要。

相反，社交很关键，我们是群居生物，需要彼此的合作才能走得更远。

不过，我们终将会回到孤独的本体，终究会和内心深处的自己对话。

那一刻，希望你也可以这样，从容、安静、没有恐惧。

当有一天，你长大了，不再孤独，有了自己的家庭、自己的团队时，希望你也可以自豪地告诉自己："我没有浪费曾经的孤独，我变成了更好的模样。"

# 三十岁前，一定要坚持的几件事

## 1. 别丧

丧是容易习惯的，积极也一样，都能养成习惯。

乔伊斯·梅尔在《好习惯，坏习惯：突破个人生活和事业瓶颈的14种习惯》这本书里提到，好习惯对人有益，可以增加人生的乐趣并赋予其充盈的力量，而坏习惯只能让人感觉不安、不悦，一事无成。习惯就是人们不假思索就做的事，是人们日常的行为方式，或是经由不断重复而形成的行为模式。人们有百分之四十的行为，是出于习惯。

遇到一件好事，丧的思维习惯是，他竟然得到的比我多；而积极的思维习惯是，我今天获得的比昨天多。

遇到挫折，丧的思维习惯的是，弄死我算了；而积极的思维习惯是，打不死我的只会让我变得更强。

遇到失败，丧的思维习惯是，我倒在地上，不起来了；而积极的思维习惯是，这都是经历，会让我的未来越来越好。

久而久之，人和人，就不一样了。

## 2. 多读书

永远不要连续三天不读书，否则人会很容易变得很笨很笨的。

现在流行听书，但别忘了，读书不仅能吸收知识，还有能让自己安静下来的功能。所以，读书永远比听书更有收获。

读书是自己和自己的交流，是自己和作者的交流。

外出时，包里习惯性地装上一本书，堵车的时候、闲暇的时候、无聊的时候，拿出来翻两页，翻着翻着，就读完了一本书。

对女孩子来说，健身很重要，但健脑更重要。

## 3. 运动

别小看锻炼。

二十多岁时不坚持运动，三十多岁时想干点什么，总有病痛突如其来，从天而降。

高中时，我们最爱的是体育课，上了大学，我们逃得最多的，还是体育课。

《运动改造大脑》里提到，每周只需要行走三小时就有益心血管健康，少量运动有好处，在合理的范围内，运动越多则效果越佳。

二十多岁时积累的身体素质，都是为三十岁时更好地创业打下的夯实的基础。

除了运动，也请坚持健康的饮食，比如少糖、少主食、少油。除此之外，坚持体检。

西方人每年都会坚持体检，而中国人总是把钱存起来，最后花在治疗重大疾病上。

身体是灵魂的载体，再有趣的灵魂，也经不起多病的身躯。

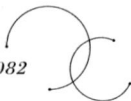

## 4. 定期给父母打电话

尤其是远行的年轻人，要多了解父母的生活作息和他们的身体状况。

二十多岁时，趁着父母的身体还算好，抓紧奋斗。

多帮助他们纠正一些不好的习惯，也帮助他们熟悉互联网世界的生活模式，比如教他们使用在线支付、外卖、视频等软件。

越长大，越怕在深夜接到父母的电话。

所以趁着他们身体还好，一定要多沟通，多了解一下他们，防患于未然。

## 5. 每年至少去一个陌生的地方

无论你有没有钱，每年都应该努力去一个陌生的地方：出不了国可以出省，出不了省至少要走出自己的城市和村庄。

要努力从穷游变成富游，要在路上思考、寻找、发问。

有时候，见识比知识重要，跨出舒适区，外面的世界更大。

如果实在去不了远方，也别忘了，书里也有远方。

# 6. 存一点钱

如果你刚开始工作，还没有太多收入，千万别做月光族，每个月工资的百分之二十一定要存在银行里，做自己的备用资金。

《最富足的投资》里讲，那些善于存钱和投资明智的人，在一生中很少面对财务困境。

人们在年轻时很容易大手大脚，记得定下一个比例，从工资里拿出这部分，不要动。把这些钱积累起来，它们会变成只属于自己的安全感。

还要拿出一定的比例去投资——去学习。在这个年纪里，别做什么资产配置，其实，你也没什么钱可以配置。记住，去创造、去打拼，这正是创造的黄金年龄、打拼的最好岁月。

二十多岁的时候，投资自己才是最聪明的回报。

# 我很怕年轻人说"我能吃苦"

## 1

一个年轻人走进人力资源部，部门的负责人问他："你有什么优点？"

他对着部门的负责人说："我能吃苦……"

## 2

这些年，我很害怕年轻人说这么一句话："我能吃苦。"

"我能吃苦"这句话，害苦了好多人。

每次遇到这样的年轻人，我最想做的不是质疑他能不能吃苦，而是问，什么是苦，他可以定义它吗？

他说："我什么苦都能吃。"

我问他："你可以忍受天天加班吗？你可以忍受一天吃一顿饭吗？你可以忍受被领导骂吗？"

他想了想，不知道怎么回答，只能坚定地说："我能吃苦。"

我说："孩子，我再问你，你可以忍受天天加班没有加班费吗？你可以忍受一天吃一顿，持续一个月吗？你可以忍受被领导无故地骂吗？"

他想了想，没说话。

这些其实不是苦，而是委屈，是难过，但委屈和难过，是不是也是一种苦呢？

看吧，当一个人表达自己能吃苦时，他并不是在说他真的能吃苦，因为每个人对苦的定义是不一样的。

他无非是想告诉你，他真正想要得到什么，不惜代价。

他表达的不是自己有吃苦的能力，而是表达自己对某些事情的欲望。那既然如此，为何不直接表达呢？

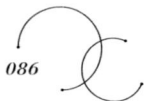

## 3

有句老话叫："吃得苦中苦，方为人上人。"

这句话害苦了我这一代人，当长辈想让你做你不愿意做的事情时，他们就会告诉你，你要吃苦。我今年三十岁了，每次看到姐姐的孩子饭团儿时都想告诉他："饭团儿，当你把这句话拿到这个时代，甚至你长大的那个时代时，许多事情，似乎都行不通了。"

因为时代变了，很多事情你无法定义，它是否属于"苦"。

比如，一个人考研的分数过了，但老师要收很多钱才能给他这个名额，他需要买昂贵的礼物去拜访老师。

比如，一个演员能力够了，但一定要去制片人、导演的酒店才能获得这个机会。

这样的苦你要不要吃？

在这个时代，我很怕年轻人说"吃得苦中苦，方为人上人"这句话。

因为许多人吃了一辈子苦，也没有成人上人；而许多人上人，也不过是人前显贵，人后受罪；而最让人崩溃的是，许多人上人，其实并没有吃过苦。

当你走进一家公司时，不要标榜自己能吃苦，因为公司的老板不想让你来这家公司吃苦，而是希望你在这家公司通过自己的努力，可以享福。

你要说的是："我热爱这份工作，我愿意和公司并肩作战。"

当你真正热爱这份工作时，别说"996"，"007"都可以。


<u>4</u>


饭团儿，我想告诉你，在这个时代，不要总标榜自己能吃苦，更别以为只有吃得苦中苦，才能成为人上人。我们不要去成为人上人，我们要成为更好的自己。

许多苦，能不吃就不吃，因为那些苦，不过是无用的苦。

记得前些日子我在地铁里，一个女孩子拿出一个二维码对我说："我在做地推，你能帮我扫一下吗？"我摇摇头，她马上去找了别人。我站在她身后，看她找了至少二十个人，但所有人都摇了头。我想，她就算再找二十个，答应她的，也会寥寥无几。这样的地推，是无效的，吃这种苦中苦，怎能成人上人？

我走了过去，问她："你这是什么产品？"

她说："美容美白的。"

我说："既然是美容美白，你为什么不提前告诉你的目标人群，

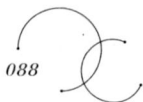

为什么不先洗把脸、洗个头，为什么不去找那些皮肤不太好的人，为什么不先寒暄两句说'您的皮肤不太好，这个二维码里有您需要的信息'……？"

她恍然大悟，说："是啊。"说完笑嘻嘻地走了。

你看，很多事情，不是光靠吃苦就能解决的，你还要靠智慧，你还要去思考，你还要去懂得。

这世界残酷、残忍，所以，你要学会用自己的大脑去面对世界的残忍，而不要总用身体去对抗，到头来，弄得自己遍体鳞伤，还安慰自己："吃得苦中苦，方为人上人。"

许多人说，吃苦不怕，怕的是，吃的苦没用。

是啊，可是，你怎么判断这种苦是有用还是没用呢？

所以，人要学会反思，学会总结，学会思考，学会不贰过，这些比吃苦重要。

# 5

这些年，我遇到过很多高手，他们就是世俗眼光里的人上人，但他们在成长的路上，没吃过什么苦——至少他们自己是这样认为的。

虽然外界认为他们很苦甚至很痛苦，但他们从不自怜，从不认为自己吃过苦，因为他们热爱。

因为热爱，所以，所有的苦，无非是在燃烧热情而已。因为热爱，是治愈生活的良方。

饭团儿，你舅舅我刚开始当老师时，每天备课十多个小时。父母很心疼我，妈妈给我打电话，安慰我说："吃得苦中苦……"我打断她，说："我哪里苦了？我觉得很充实。"

后来，我开始写作，有了点名气。每天打开电脑，写着写着天就黑了，写着写着天就亮了。忽然感觉自己饿了，下楼买点吃的，蓬头垢面走在街上被人认出来，粉丝说："李尚龙，你真的好能吃苦。"

我拿着饭说："我能吃饭，不能吃苦。"

对我来说，做不喜欢的事情并坚持，才是一种苦。

因为内心炙热，所以不觉寒冷；因为内心热爱，所以没有泪痕。

因为热爱，所以不苦。

所以，与其能吃苦，不如去热爱；与其说自己不怕苦，不如说自

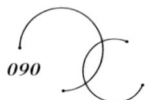

己更热爱。

热爱里，虽包含着苦涩，但比起热爱，它什么也不是。

二十多岁时，不要标榜自己能吃苦，谁也不愿意吃一辈子苦，就像谁也不愿意看到你来到自己的公司非要吃苦一般，大家都希望你能热爱这个事业，过得开心幸福，就像爱自己那般。

# 读书到底是读什么？

## 1

在这些年里，如果要问，使我最受益的提升自己的方式是什么，我想，毫无疑问，是阅读。

在这个物价飞涨的年代，只有书的价格没有发生太大的变化。

每次看到哪个平台又打折了，满多少送多少时，我就飞快地拼命下单，买一堆存在家里，许多也来不及看，但就是放在家里，心里踏实。

前些日子，我自费在公司弄了个图书角，买了几千本书放在公司里，很多人问我："尚龙，你这是干吗？"

我说："这是邀请大家，跟高手对话。"

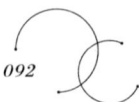

阅读不是一项任务，而是一趟和作者隔空对话的旅途。

它穿越时间、空间，用文字穿透彼此的灵魂，让两个素昧平生的人在书里相遇。

你能想象跟孔子对话的感觉吗？你能想象和亚里士多德聊天的感觉吗？你能想象跟李白喝酒的感觉吗？

这些感觉，在书里都能找到。

如果一个人不读书，决定他的价值观的，就是他身边的亲朋好友。倘若他的圈子还很糟糕，那么这个人必然好不到哪儿去。

而读书能让你独善其身，能让你找到那些跨越时间、空间的牛人，和他们进行灵魂交流。

我不喜欢每看一本书，就发个朋友圈，更不喜欢在微博上晒自己读过的书，因为读书不是对外炫耀，而是帮助你找到回家的路。

我很怕被人拉着列书单，因为书单应该是很私密的东西，应该是一个人灵魂深处的秘密，对你有用的书，不一定对别人有用，对别人有用的故事，对你而言可能只是鸡汤。

就好比，直到今天，我还是读不懂加西亚·马尔克斯的《百年孤独》，依旧不明白艾丽丝·门罗的《逃离》触动人的点在哪里，还是不喜欢甚至讨厌豆瓣上那些评分很高的书，虽然有些书还获得了各种大奖。

但我很喜欢一些书，比如《小王子》，比如《牧羊少年奇幻之旅》，比如《月亮与六便士》。

当然我知道，也有人不喜欢，说它们不过是鸡汤而已。

随便啦，每个人都有自己的书单，有自己的喜好，你读什么样的书，你就是什么样的人。

之前有一位图书管理员对我说，她从这些同学的书单里，就能知道这些孩子未来会成为什么样的人。

所以，要挑选和重视自己读的每一本书。

但无论你喜欢哪一本，这都是你和作者的一段缘分。

你愿意花一个下午、一天、一周，去阅读这个作者一年或者更久的心血，你们见字如面，你的世界里有了灵魂的交集，他带着你去了更远的地方，这样的感觉，我愿一直拥有。

## 2

我曾经说过，读书会让你变得富裕，但或许不会让你变得有钱。

因为富裕不仅包含了有钱，还包含了内心深处的富足与充盈。当你意识到这世界上除了有钱，还有其他有趣的事情时，这就是读书起了作用。

但随着成长，我发现其实不是，这个时代很有趣，读书好像也可

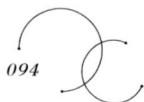

以让人变得有钱。

尤其是在认识樊登后，我发现人家也可以一边读书，一边讲书，一边赚钱。

再之后，我发现，许多爱读书的人，都在把自己学到的知识，变成一种能力，最后也成功地赚到钱了。

人是需要赚钱的，不要说赚钱没用，不要说什么心灵比物质重要的话。

赚钱很重要，但心灵的提升也不可少。

所以，书籍的分类里有一类叫金融。

我读过《投资中最简单的事》《滚雪球：巴菲特和他的财富人生》《穷查理宝典：查理·芒格智慧箴言录》，还有一本名字特别吓人的书，叫《钱：7步创造终身收入》，这些书无疑都在打破我对读书和金钱关系的认识，它们告诉我，就算是赚钱这样的事情，也能通过读书找到答案。

赚钱赚到最后，就是人和人认知上的不同。

读书可以是功利的，甚至可以是名利的。但别忘了，书读得越多，越要记得回家的路。

许多书，都可能会在某个关键时刻，给现实的自己一个强有力的冲击，给困惑的生活一个解决方案，给迷茫的自我一条通往前方的路。

别怕读完书就忘掉，那些忘掉后还留下来的，才是真正属于自己的东西。

这些年，我一直建议我的学生在二十几岁读书时，应该别问分类，什么都读，因为这个世界已经不再像当年一样被分割成了几个毫不相关的部分，相反，现在的每个部分都有联系。一个文科生，也要懂一些物理、化学，一个理科生，也要明白一点历史、地理。

这个时代，缺的是这样的全才。

所以，二十多岁最伟大的投资，就是把自己放在各个领域里，疯狂地阅读，拼命地成长。让这些思想长在你的身体中，让这些文字刻在你的基因里。

大学四年，图书馆应该是你去得最频繁的地方，就算毕了业，书店也应该是你定期进出的场所。

在那里，你会遇见更好的自己。

这个世界的规律是这样的：人的注意力很有限，如果不把时间花在读书上，就势必会把时间花在娱乐新闻、八卦绯闻上，这些东西会阻碍人的成长，在最应该迭代知识的年纪里，许多人的认知水平却留了级。

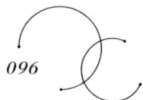

## 3

我自己喜欢这样读书。

当我拿到一本书时，我会先合上书，问问自己，我想从中看到什么，我想听到作者告诉我什么，或者说，我想跟这个有趣的灵魂，怎样进行沟通。

接着，我打开书，从目录里找答案，或者直接翻过去，找到那个位置，看作者写的话。

当有了答案，接下来，我就会一点一点地读了。

市面上有很多奇怪的读书方法，有些人甚至教你用几分钟读一本书，这些方法都是对读书的侮辱，一位作者写了一年甚至更久的书，你却几分钟就读完了。

而最好的阅读方式，就是一个字、一个字地读，因为作者是一个字、一个字地写完的。

一本书最难读的部分，其实就是前几页，当你读进去，接下来你就在这个世界里了。

有一次在发布会上，一个年轻人问我："我平时不爱读书，但龙哥，我就能看懂你的，这是怎么回事？"

全场爆笑。

我和他开玩笑，说："原来我听古典音乐也听不懂，但一听《小苹果》，我 ×，好听。"

我继续说："但是，如果听《小苹果》让我明白，这世界上还有音乐的世界，这世界还能让我愉快，让我提升，那么，我会继续听《小苹果》。"

我经常建议我的学生，不要看会立刻消磨掉他们的兴趣的书，如果看了几页还是没兴趣，就赶紧放下来。再坚持下去，会丧失阅读的兴趣。

这种兴趣一旦消失，再想获得就难了。

另一个误区是，认为要读很多书。其实书不用读太多，古人说学富五车，是因为那个时候的书都是手抄的，五车也没有多少书。但现在，书越来越多，内容也参差不齐，你并不需要什么都读，你更需要的是，读许多好的书，而且一定要多读几遍。

许多好书，读第一遍时你并不能感觉到它的美好，但是你读到第二遍时，会忽然发现，作者竟然在这里，埋下了一颗这么大的彩蛋。

前些日子，我又读了一遍《水浒传》，忽然发现，原来在不同的时刻阅读同一本书的感觉，是不一样的。因为那个时候的你，和现在的你，已经不一样了。

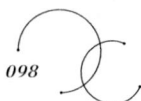

## 4

在三十岁前，我最感谢自己养成的一个习惯，就是阅读。

比起写作，我更喜欢读书给我带来的快感，我知道我的年纪有时候不足以撑起我的思想，但许多我经历不到的事情，都是书本里的文字，把我带到了现场。

它让你不出门，就知道那些事；它让你在一无所有时，心里还点着一盏灯。

而这一盏灯，无论在哪里，都能照亮你回家的路。

Chapter **Three**
第三章

三十岁
**转折**

三十岁，一切刚刚开始 ▲

# 挫折会让你变得更强大

## 1

在家闲来无事，我又看了一遍《X 战警：逆转未来》。

我很喜欢看超级英雄类的电影，这些看起来很简单粗暴的影片，却能给人带来持续的感动。

就像一个孩子，他可以不听道理，不懂世俗，但他一定爱那些超级英雄炽热的情怀。

年轻的 X 教授到了未来，看到了年迈的自己（多少人想要这种超能力），他对年迈的自己说："我一使用自己的能力，脑子里的这些声音就会压垮我，这些声音让我太痛苦了。"

年迈的 X 教授很冷静，说了句令人印象深刻的话："挫折会让你痛苦，但也会让你更强大。"

多么朴实的一句话，确是许多年轻人不愿相信的真理。

看完电影，我坐在书桌旁，问了自己一个问题："如果你能穿越时空，回到过去，你会对过去的自己说什么？"

我想，如果我回到过去，看到十八岁的自己，我也会说这句话："李尚龙，不要害怕挫折，现在所经历的挫折，都会在今后使你变得更强大。"

那如果，你能穿越到未来，你猜未来的你会对现在的你说什么？

我想，说的话也会是一样的吧："尚龙，你现在经历的所有挫折，都是在为未来成为更好的自己，添砖加瓦。"

可是时间不能回头，也不能飞快地度过，就算你想买回一秒钟也不行。

塞万提斯说："时间像奔腾澎湃的急湍，它一去无还，毫不留恋。"

所以，假如，我是说假如，我们能穿越时间，听未来的自己说一句话，对，就一句话，这句话会是什么？

我想，只有两种可能，这可能，就像现在的自己会对过去的自己说的那般：

第一，"你那个时候为什么不努力啊？"。

第二，"感谢那个时候的你，才有了现在的我"。

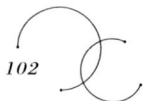

那么，你希望听到哪一句话呢？

<h1 style="text-align:center">2</h1>

许多人说，三十岁是一个分水岭。往前走，到了中年；往后看，每天都是青春。

我不太同意，对于正在路上的人，无论多少岁，都是青春；对于浪费时间的人，他早就步入了中年。

仔细想想，少年时，我们浪费了多少时间？

高中时，我们盼着毕业；大学时，我们盼着工作；工作时，我们盼着休息；上班时，我们盼着放假。我们永远在盼着，从不活在当下，却忘了未来的我们，也在盼着过去的自己，甚至冲着自己大喊："你能别盼着我吗？我还盼着你呢！"

时光是不能回头的，一个总期待着未来会怎么样的人，多半是过不好现在的。

同理，一个总是怀念过去多美好的人，也永远不知道现在的时光才是最美好的。

《幸福的方法》里讲，一个懂得幸福的人，是一个既会为未来努力，又懂得享受当下的人。

而此时此刻，才是一个人的永远，过好今天，就不会怀念过去，过好现在，就不会把一切都押在未来上。

曾经有一位朋友告诉我，你不必站在五十岁的年龄，悔恨三十岁的生活，也不必站在三十岁的年龄，悔恨十八岁的爱情。

最好的办法是，不要等，享受当下，并奋斗。不要等到三十岁时，再去买十八岁时喜欢的东西；不要等到四十岁时，再去追求二十岁时爱上的姑娘；不要等到五十岁时，再去做三十岁时特别期待的事情。

因为时光是不等人的。

三十岁时有了钱，却发现十八岁时喜欢的乐高早已没有了意义；四十岁时买了房，才发现二十岁时爱的姑娘早已嫁了人；五十岁时有了时间，才发现三十岁时想要玩的蹦极早已超过了身体的极限。

人生最大的痛苦就是悔恨，悔恨过去没尽全力，悔恨走错路，悔恨跟错人，但青春是不会回头的。

我经常会在课上跟许多同学分享，年轻的时候，一定要进步得快一些，要废寝忘食，要加快脚步。这样，你才能跑过时间，超过许多人，在相对年轻的日子里，收获更加成熟的资源。

那些遗憾，或许就少了很多。

那如果遇到挫折呢?

放心,所有的挫折,都是为了让自己在未来,更强大。

## 3

我曾经读过一本书叫《少有人走的路:心智成熟的旅程》,作者是美国的一位心理医生,直到今天我还记得书里的一句话,大意是当一个人遇到困难需要克服时,需要学会的第一项技能,叫作"延迟满足"。

所谓延迟满足,就是放弃掉现阶段的享受,去吃苦、去学习、去成长,为了未来能更好地满足。

但事实上,许多人都没有这么做,当他们意识到生活是苦的时,他们就想尽一切办法给自己甜头。

人最可怕的,就是什么也没做,却动不动就嘉奖自己。

你满足了现在的生活,却让未来的自己越来越痛苦。

我读军校的时候,是我人生中最苦的日子:没有自由,没有希望。

当我意识到,苦是现阶段不得不接受的磨炼时,我明白了,既然生活已经很苦，那就让暴风雨来得更猛烈一些。于是，我开始学习，我什么都学：计算机、文学、数学、英语……后来我发现，学习是最容易打破自己圈子的方式，总有一项技能，会让你突破现有的圈子，到更高的地方去。

可那时我周围的所有人，都在嘉奖着已经很苦的自己，他们打游戏、打扑克、抽烟、喝酒……

他们害怕生活对自己残忍，于是持续善待自己，继续嘉奖自己。但我意识到，既然生活对自己残忍，那我就得对自己更狠一些。

果然，生活反而不敢对我下手了，我也终于看到了更好的世界。

后来我明白，所谓延迟满足，是每个高手都具备的一项能力，这些人看着远方，知道现在的痛苦，是为了以后更好的生活。

他们牺牲了现在的休息，坚持早起，最后考研成功。

他们牺牲了现在品尝美食的乐趣，坚持锻炼，最后减肥成功。

他们牺牲了现在的疯狂时光，独自学习，最后提升了生活的圈子。

这些都是延迟满足。

而这些延迟满足，为他们换来了更大的世界。

直到今天，我依旧会在梦里梦到过去的自己，他一个人在自习室里，打开书，一章章地做笔记；在空无一人的图书馆里，小声朗读着那些单词；在空空的教室里，对着墙大声背诵着那些文章。如果我能

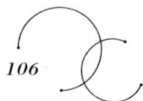

跟那时的自己对话，我想，我会走过去，对他说："尚龙，你很棒，请继续努力，我在未来等你。"

## 4

最后我想分享一个故事。考虫在刚创立时，我们招了一位老师，叫袁凯。

那时他的女儿刚出生，家里急需用钱。

我们测试过他的授课能力，不出众也不差。

而那时，在线的老师需要比线下的老师具有更强的能力。

因为，在线课堂的一个班，有时候会有好几千人同时在线，学生不停地刷屏，还会出现一些古怪的言论，一位老师如果没有强大的知识体系、控场能力，是很难讲完一节课的。

一面是家庭压力，一面是工作压力，袁凯老师就这样上台了。

那段时间，我要上一门课叫"夜猫子学英语"，每天晚上十点半才从公司离开，但每次离开时，袁凯老师总是在自己的工位上，转过头冲我笑笑，说："尚龙，你走吧，我来关门。"

说完，他就转回去看着电脑，继续修改课件。

他每一节课都写逐字稿，课件修改过几十遍，上课前，一定要把自己的课讲够十遍以上，讲得滚瓜烂熟，才敢打开客户端，进入教室给学生上课。

有好几次，都夜里十二点了，他还在盯着电脑修改课件；还有好几次，我中午到公司，他趴在工位上，戴着耳机睡着了。

他的认真让我崩溃，因为在他之前，我是公司里最认真的，他比我还认真，我的人设就崩塌了。

有一次，我决定挑战一下他——立志成为公司里最晚走的人。那天上完课，已经十点半了，可我就是坐在教室里不走，等待着夜色沁透整个公司。

我看了会儿书，又看看表，已经快一点了，我心想，这回袁凯老师总走了吧。

我推开门，果然，他的工位空了。我特别高兴，吹着口哨、戴着耳机，开始一个区域、一个区域地关灯，关到仓库时，忽然耳机里传来一个声音："尚龙，你走吧，我来关门。"

我吓了一跳，推开仓库门，仓库里有一张床，他在床上修改着课件——这家伙把床搬到了公司，睡前正在最后一遍检查课件……

就这样，我彻底服了。

他的认真总能让我这么认真的人认命。

其实，这个世界上很多人认真的程度，远远没有达到拼天赋的地

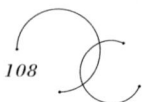

步，我们无非是用天赋给自己的不认真找理由而已。

后来，他成了考虫最受欢迎的老师之一。

我曾经在创业初期时问过他："你这么努力，每天都住在公司，想不想自己的女儿？"

他眼睛有些湿润，说："我很感谢我的妻子，因为她照顾女儿，所以我可以一心一意讲好课，只要我讲好课，我就能赚到钱，未来就能更好地陪伴女儿。"

又是延迟满足。

几年后，我办签售会，请他到济南站台，他的女儿已经四岁了。

签售会结束后，我们喝了好多酒，每喝一杯，我们就换一个酒吧、换一个话题。

在一家酒吧里，DJ唱完了一首歌，中途有段安静的时间，我问他："你觉得生活苦吗？"

袁凯告诉我："尚龙，其实刚来考虫时，我不太会讲课，那个时候觉得生活有些苦，工作不容易。好在自己一直在努力，现在讲课得心应手，也没什么好怕的了，也能多些时间陪自己的女儿了。苦的日子都过了。"

我点点头，又喝完了一杯酒。

那天，我们去了十几家小酒吧，在济南的胡同里穿梭着，聊着自己的生活，聊着曾经的奋斗。

他告诉我，现在的日子容易了很多，但他依旧感谢那个时候不放弃的自己。

那晚济南的月光很美，我抬起头，看着月亮和星辰想，如果我能飞到月亮上，而月亮上又有那个时候的自己，我会对那个时候的自己说什么呢？

我想，我会对自己说：

"谢谢那些挫折，挫折会让你变得更强大。"

# 人为什么要奋斗？

<u>1</u>

老妈终于还是来北京看病了。

她的心脏问题已经影响到了正常生活——四根血管堵住了三根。每次回到家，我都劝她到北京来看病，她就是不愿意。我知道她怕给我添麻烦。

越长大，越觉得能为家里做点什么，但最后才发现最大的悲伤是家人不愿意麻烦你。

她知道我忙起来就天翻地覆，有时候连一顿饱饭都吃不上。但她不知道的是，没有什么比家人的健康对我更重要。

年中，我终于说动了妈妈来看病。我推掉了所有的工作，提前挂好了号，但出发前，她把自己的膝盖扭伤了。我妈就是这么一个人，像个小孩，做事情永远想一出是一出。

后来我一个人回到了北京，临走前我还跟她开玩笑："你就是不想去北京才故意把膝盖扭伤的吧。"

妈妈笑嘻嘻地说："我不想去医院，北京还是想去的。"

我说："那是，北京有我呢。"

我妈说："别臭美，因为北京有我的外孙饭团儿。"

就这样，她又拖了半年。年底，她的膝盖好了，我在家里的微信群里劝她来北京看看。

在我的再三坚持下，她说出了自己的顾虑："我去可以，但治这个病太贵，单位也不给报销。"

我说："妈，你来就好，其他什么都不用管，因为有我在。"

她有点不好意思地说："不能总花儿子的钱吧。"

我在微信群里说："就是，也要偶尔花点女儿的钱。"

我姐在微信群里回了一个亲切的字："滚！"

接下来，我姐又马上私信我，说："妈妈的事情需要我的话，我都在。"

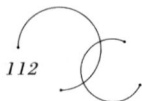

我冷冷地说："不需要，我有的是钱。"

她发了一堆骂人的表情。

那一瞬间，我忽然理解了，人为什么要奋斗。

因为一定会有一天，父母老去，孩子长大，而你需要做的，是让他们体面地生活在这个世界上。你吃过的苦，不能让他们再吃，这是你奔跑的理由。

所以，为什么要奋斗？因为只有这样，你背后的家人才会有足够的理由踏实、幸福地生活，才能体面地不为五斗米折腰。

## 2

2018 年底，我的剧《刺》因为影视圈的腥风血雨被耽搁了，什么时候开机，谁也不知道。

许多人的心里充满着抱怨，话里也充斥着指责，但我忽然意识到，这是段极好的空闲时光，能让自己看看书、写写东西、聚聚朋友。

但很快，这部戏又进入了运转阶段，成了优酷在当年放行的第一部作品。

　　我很感谢自己在那段日子里没有浪费时间，没有抱怨指责。那些天，我在家里把想看的十几本书依次看完了，还喝了几顿大酒，见了那些许久没见的朋友。重要的是，在这个空档期，我想明白了很多事，想清楚了许多一直没机会想的问题。

　　我曾写过"尽人事，听天命"，这是人在成长过程中，需要拥有的十分重要的智慧。改变能改变的，接受不能改变的，用智慧去分辨两者的不同。

　　人事尽够了，天命不可违。

　　其实，许多事情，都不是人能决定的。人太渺小，在生命和时间面前，就像蚂蚁一样，无能为力。

　　那为什么还要奋斗?

　　因为，至少还有很大一部分事情是人事可为的。把自己能做的都做了，就足够了。如果有上帝，也一定是你去踩自行车的左边，而上帝帮你踩右边。你要踩好自己的这一边，拼命踩。

　　就算是一只小蚂蚁，也要有自己的决心，有自己的格调，有在天命下不低头的灵魂。

　　所以，去变强，永不低头。

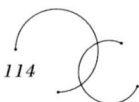

## 3

一晃，我都三十岁了。

每年年初，我都会和几位朋友在一起喝酒吹牛。

依稀记得，年初我说今年要出两本书，上够一百节课，跑够一百场签售，还要写完明年的小说。

朋友也趁着酒劲，讲了讲自己的计划。

我知道谁也不信谁，都是酒后之言，人不可能一年都豪情壮志，一年都鸡血满腔。

嗯，但我做到了。

2018 年，我出版了两本书，每一本都还算畅销，《刺》还推动了校园暴力的立法；我果然上够了一百多节课，除了英语课，还开了一门读书课，以及"重塑思维的十五堂课"。

2019 年，我做的事情更多，我把《人设》《你没有退路，才有出路》"生"了下来，《刺》的拍摄杀青了，我也抓紧写完了这部你正在读的作品。

这几年，我几乎跑遍了中国所有的一线城市，见到了无数读者，一边签售，一边上课。

每到一家宾馆，我的第一反应就是想这里的网会不会很糟，我准备了两部手机、一个无线路由器，反复调试，确保安全。

天知道为了上完一门课，要做多少准备。我时常在上完一天的课后，才发现今天一天都没吃东西。上课前，我总会找一个健身房，疯子似的跑上半小时出出汗，在进入课堂时保持我的状态……

二十多岁的日子，我过得疯狂，过得大汗淋漓，过得爽。

<u>4</u>

一晃，考虫已经获得 D 轮投资了。

现在，这个创业三年多的小团队，已经是个快要有五百人的大公司了。

我知道，公司大了，许多事情都不再是当年的模样。人多的地方就是江湖，江湖就是千变万化，江湖也会是尔虞我诈。

每到公司，我都提醒大家，勿忘初心，不要被世俗改变。至少，直到现在，我们一直是这么做的。

2019 年的后半年，我终于决定卸下四六级的担子，把精力转移到其他项目的开发上。

记得上完最后一节课时，我给大家唱了首《知足》，自己躲到了房间里，一抬头，哭得像个傻子，因为这首歌其实是我唱给自己

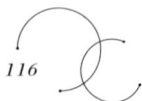

听的。

我知道，我终于要往前走了，要跟这些经历说再见了。

但这些题，伴随着我最青春的年华。

依稀记得，刚当老师时，我把每道题的解题步骤都用逐字稿写下来，每张讲义上，都密密麻麻写着几种解题方法。

为了背下这些解题思路，多少个夜晚我挑灯夜读，第二天黑着眼睛站上讲台。这些年，上过我的课的孩子少说也有几百万。

一根网线，改变了那么多人的命运；一块屏幕，给予了那么多孩子希望。值了。

终于，要和这些题说再见了，也要和这些日子说再见了。

放心，我还在考虫，会开发出更好的课程跟大家见面。

人生啊，就是不停地说再见，和过去说再见，和现在说再见，和别人说再见。

这一年，也有几位朋友离开北京，走前，我们喝了顿酒，没流泪，没感伤。有人说我成熟了，是的，成熟就意味着你不会再因为不可控的事情失态，不会再因为执念难过，不会再把情绪放在脸上。

成熟意味着你开始懂得：这世界上没有不散的宴席，相聚就是分别的倒计时，任何人都会离别的。所以，相聚时，再用心一些；重逢时，再用力一些。

这样就很好。

人为什么要奋斗？因为你要有选择，你要有说不的权利，你要有不悲伤的权利。

## 5

这一年，我每天都很累，喝了不少酒，却依旧想不明白人生，熬了不少夜，却依旧看不清未来。

一晃，三十了。

但还好，一直在路上。这一年我走得很慢，但每一步都很踏实。

一切都会有的，但要问问自己，你是不是站着的，你是不是无愧于心。

如果是，就很好。

2019 年自己最大的改变是，丢掉了许多执念。比如，我不会再用尽全力把朋友们都绑在身边，不会再因为自己没做成功的事情责怪自己，不会再要求自己一定要完美，不会再把自己逼到绝境。

所以，要接受自己的不完美，要原谅别人的不体面。

人生本来就很难，要努力快乐着，朝着前方，并记录下来。

有一天晚上，我在日记本上写了这么一段话，也分享给各位：

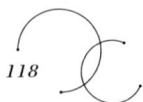

"我收拾好行囊，新的一年，要奔赴远方。

"所有的希望，扎根心脏，默默发光。

"新的一年，请对我好些，但前提是，你要成为自己的光芒。

"所以，请挺起胸膛，继续张狂。

"既然青春，就要去变强，去飞翔。

"对了，年底时要告诉我，你，还是曾经的模样。"

# 你最好的一天，是明天

## <u>1</u>

我不知道你有没有看过流星，我看过。

那是十年前，我刚刚读军校的时候。

我的父亲是一名军人，他希望我跟他一样，于是高考结束后，我报考了军校。

刚进军校的两个月，我们组织了艰苦的军训，军训的最后一个项目，是把大家拉到河北附近的一个野地，给你一把枪、几发空爆弹、三天的干粮、一张地图、一个指北针，几个人一组，二十天之内从河北走回北京。

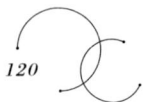

从那个地方到北京，路程是三百多公里，前几天大家都觉得自己是在郊游，特别高兴。我不一样，我特别能吃，何况干粮不辣，我一天就把三天的干粮全吃了。后面几天我就偷班长的干粮，我的班长是我见过的那个学校里最爱读书的人，他文质彬彬，很有修养，一点也不吝啬地把东西都给我吃了。

但等到我们所有人的干粮都吃完了的时候，真正的考验才正式开始。

第一个考验：饥饿。我们在饿了几天后，发现不吃饭是走不动的。虽然我们学校有非常严格的规定，抓到偷老百姓粮食的，立刻开除，但是因为当时饿得实在受不了了，我们就开始偷村民的西红柿、苹果、土豆。

前几次我们偷得都很顺利，有一次，我的班长忽然大喊一声："快跑！"

我定睛一看，一只哈士奇追了出来，可能是那家养的。那狗站起来有一人高。

我当年的身手不错，三下五除二就爬上了树，狗上不了树，我安全了。

可我的班长还在下面，我心想也救不了他，于是就在树上安心地看着他逃跑。

他围着树跑了好几圈，他速度很快，快到不仅狗追不上，他还好几次差点从后面追上了狗，可是哈士奇太笨，不知道转身就能咬到他。

追了几圈后，班长和狗都累了，两者四目相对。忽然，班长对着狗笑了一下，我在树上看得毛骨悚然。

他大喊一声："我为什么要跑，这不是肉吗？"说完，他就拿起一块砖头扑了过去，狗一看他拿着砖头走了过来，竟然吓坏了，掉头就跑。我赶紧从树上跳下来，一把抱住班长说："你冷静，千万别这样。"

那是我第一次明白，饥饿是能让人改变的，无论这个人多么有修养，读过多少书。当一个人饿着肚子时，就别谈任何梦想、教育、修养。填不饱肚子，说什么都是白搭。

有一天，我们饿着肚子走了二十多里地，到了晚上，我们搭上了帐篷，在帐篷里打牌。

忽然，电闪雷鸣，风雨交加。

那是我见过的最大的一场暴雨，暴雨中，还降温了，我们经历了第二个重大考验：寒冷。

我们没有带额外的衣裳，任凭雨水打湿了衣服和裤子，在寒风中饥寒交迫。

那是我第一次感受到大自然的威力，我在雨中祈祷着，快停下来吧，我受不了了。

不知过了多久，班长告诉我，雨停了。我走出帐篷，一抬头，看到了一束流星划过天际，我刚准备说："好美啊。"

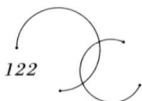

班长一脚踢了过来，说："快许愿，还等什么？"

我赶紧闭上眼睛，可是脑子一片空白，睁开眼睛时，流星已经划过去了。

是的，我什么愿望也没许，在那种饥寒交迫中，你只会想活着就好，除此之外不会有任何念想。可是就在当晚，我告诉自己，永远不要再让自己挨饿受冻，也永远不要让身边的任何一个人跟我一样经历这样的饥寒交迫。

我要在最年轻的日子里，努力学习，磨炼出一技之长，变得不可替代，今天我吃的所有的苦，就是为了以后不让身边的人，跟我吃同样的苦。

回到北京后，我钻进了图书馆，大学四年我几乎每天都在图书馆度过。我苦练英文，每天把自己关在一个房间里，练习四十分钟到一个小时，从未间断，养成了一个很坏的习惯——走在路上喜欢自言自语，旁人常常投以同情的目光。

后来，我成了英语老师。

我的姐姐第一次来到北京时，她看到我住在那么小的房间里，就问我："你自己住那么小的房间，为什么给我租了个那么大的房间？"

我开玩笑地说："因为我想感受一下痛苦，磨炼一下我的意志，从而写出更好的作品。"

其实，真正的原因是，那时我给自己定下了一个目标：我吃过的苦，我不会再让身边的人吃。我今年快三十岁了，自我懂事以来，我从未让我的父母、亲人、朋友吃过我当年吃的苦，我想以后也不会。谢谢那一束流星，我知道你在为我显灵。

《小王子》里面说："星星发亮，是为了让每个人有一天都能找到属于自己的星星。"

所以，当你看到流星时，就算来不及许愿，也要努力地找到属于自己的那颗星星，并让星星的光，照亮身边的人。

## 2

三十岁前我想起的第二个故事，是在演唱会现场。

我不知道你有没有看过演唱会。

2013年，五月天来鸟巢开演唱会，那个时候我已经成了一名不错的英语老师，收入还行，能勉强维持生活。但我的生活像上了发条一样，每天上十个小时的课，一模一样，没有变化。

第一年这样的课量让我还觉得自己的能力有所提高，可到了第二年、第三年，重复的生活压得我喘不过气，我开始不修边幅，不洗头、

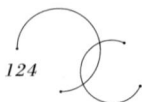

不理发，胡子一大把。从一个校区到另一个校区，面对不同的学生，讲一样的课。

我的朋友尹延老师看我特别痛苦，就送给了我一张演唱会的票，说："你不是喜欢五月天吗？我刚好有一张票，你去看看吧。"

拿到那张票的刹那，我热泪盈眶，不是因为感动，而是因为他真狠，送票不送两张。

但我含着眼泪，还是去了。因为票不能浪费。

当阿信唱到《突然好想你》的时候，我像是被拉回到了童年，我想起那个时候充满着期待的眼神，我想起那个时候对生命的好奇，想起那个时候喜欢的女孩子的背影，再对比现在千篇一律的日子，我忽然感觉到一种钻心的累，就像不曾活过一般。可是，自己除了上课还能干什么，还会干什么呢？

想到这里，我很绝望。

我不想一辈子都在上课，不想一辈子没有生活，但自己又没有其他的能力，我的努力根本配不上我的野心。所以，当听到阿信的《我不愿让你一个人》时，我焦虑地流下了眼泪。

这时，我周围的一对情侣也哭得稀里哗啦，那个女生给了我一张纸巾，说："朋友，我知道你现在很痛苦，如果你想她，就给她打电话吧。"

于是我给尹延老师打了个电话，说："你为什么不送我两张票？"

说完，我真的哭了。

回到家，我在日记本上写道："我不想让自己的生活有规律、无意义地循环下去。"

可是，我能做什么呢？我什么也不会啊。

于是，我决定做些改变，每天下课，回到家，我开始读书、写作，我推掉了晚上的所有活动，在家读书、写作坚持了两年。两年之后，我出了第一本书，叫《你只是看起来很努力》。

很多人以为写作是一件很容易的事情，只有我知道，写一本书需要大量的知识储备，需要大量的练习并持之以恒。

也是在那个时候我明白了，当你发现现在的生活不是你想要的时，你一定要问，什么样的生活是你想要的，重要的是，你要为你想要的生活，做点什么。

人的青春很短暂，如果不努力为了想要的生活去做，就会被迫按照自己过上的生活去想。

今天，我终于不用再无休止地出卖自己的时间去生活了，我可以告诉自己，现在的生活，正是我当年想要的，但这背后付出的努力，是许多人无法想象的。

尼采说："每一个不曾起舞的日子，都是对生命的辜负。"

一个人要去舞蹈，才能看见时间的美好。欲戴王冠，必承其重，桂冠和荆棘互为左右，光鲜和苟且互为前后，有光的地方会有乌云，

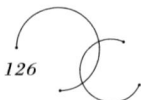

有乌云的地方必会有光。

我的第一本书出版后，出版社不给推广，为了让这本书活下来，我自费去全国各地签售，我住过三十块钱一天的招待所，周围都是呼噜声，还有情侣的尖叫声；我睡过肯德基，在酒吧边上拿着啤酒谈人生；我讲过一个五百人的教室只来了三十个人的场子，当时一个年轻人告诉我，虽然今天来的人少，但是她叫我别灰心，下次她一定带着她的朋友一起来。我很感动。

当然，那是我最后一次见到她。

后来，我的第一家出版社欠了我一百多万元的稿费，倒闭了。

现在回想起来，当初我自费去签售是没有获得任何经济利益的，但正是因为在那段日子我没有停下前进的脚步，所以，我听到了读者的声音，明白了接下来的创作方向，锻炼了自己，提升了自己的演讲能力。也因为那段时光的不屈不挠，我和我的公司都活着回来了。

今天，我终于度过了那段最黑暗的日子。

但这一切，我用了四年，这四年我没有什么特别的方法，真正的方法只有一个，就是坚持：我时刻在写作，时刻在思考，永远在路上，绝对不停歇。

三毛说："梦想，可以天花乱坠，理想，是我们一步一个脚印踩出来的坎坷道路。"

穆旦说："……这才知道我的全部努力，不过完成了普通的生活。"

我说："你只有足够努力，才不会让青春有悔。"

## 3

在三十岁前，我想写的第三件事是，一个人若想改变世界，应该先从身边开始。

在一个下午，宋方金老师跟我说："《刺》的演员定了，是演员苏青。"

我吓了一跳，问："是最近特别红的那个苏青吗？"

宋老师点了点头。到了晚上，我们在一起吃饭，我认识了这位当红的演员苏青。喝了两杯，我跟苏青说："我昨天晚上刚看了你的电视剧，我很喜欢你演的角色。"

她问我为什么写《刺》，我没回答，只说："等你演的时候，就知道了。"

一个月后，我去厦门探班，在一家医院里，正好演到韩晓婷的父亲去世那个桥段，我坐在监视器前，看着苏青泪如雨下，眼睛瞬间就红了。我改签了机票，当晚就飞回了北京。我和导演告别，说："谢谢导演，这部戏必将改变时代。"

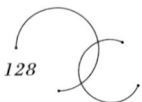

　　上飞机前，我收到苏青发给我的信息："谢谢你的咖啡，谢谢你的韩晓婷。我们就一起期待着吧。"

　　这些年，我最感叹的，就是那些曾经在电视上才能出现的人，逐渐走入了我的生命。我感恩这种缘分，重要的是，我们还能在一起做一些改变，这些，是我从来没有想过的。

　　从小到大，我都没有什么超级伟大的梦想，我只想从身边开始做一些简单的改变，有时候变着变着，就变到了更远的地方。

　　2017 年，我在广西的一所学校做签售。有一个孩子，小时候被车撞伤，智力出现了问题，父亲也因此离开了这个家，他在单亲家庭中长大。

　　在我和学生们互动问答的时候，他站起来提问，全校同学爆发出了令人难受的刺耳笑声，而且，连续笑了三次，我问校方领导这些笑声是为什么。

　　他们说，这个孩子性格孤僻，但喜欢读书，他不善交流，讲话还有些结巴，总被大家欺负。

　　那是我第一次在签售现场勃然大怒，我拒绝了当天的签售，回到宾馆，发了一条微博，说这个学校可能存在校园暴力。结果，这个学校的学生有组织地对我进攻、谩骂，说我污蔑他们的学校，想借着他们的学校火一把。

　　他们学校只有几百名学生，当时我没有说出学校的名字，因为我只针对校园暴力，不针对学校，结果他们学校的学生跑到我的微博里大骂。我的粉丝就问他们是哪个学校，他们就公布了自己的学校。

爱校主义是施暴者最后的庇护所，每次当网上的愤怒冲着学校的不作为时，总有那种爱校的热情盖过了正义。这种爱校主义，在我眼中，就是无耻的。

依稀记得，还有人给我发了私信，威胁我说："李老师，我希望您别管了，别忘了您还在广西。"

还有人在我酒店的门口敲了三下门，然后消失，留下了一封恐吓信。

在飞机起飞时，我忽然意识到了恐惧，我恐惧的不是这些学生，这些以爱校主义为挡箭牌的利益集团能把我怎样？我恐惧的是，竟然，没有一个人认为那些刺耳的笑声是有问题的，没有一个人认为这个孩子被欺负、被欺凌了，甚至没有一个孩子明白什么是校园暴力。这些年我一直觉得，人们陷入正义的盲区时，就是创作施展才华的时候。于是，我回到北京，持续关注着这所学校，连续发表了几篇针对校园暴力的文章。

后来这个学生注册了一个微博账号，他为了感谢我，把头像设置成了我演讲时的样子，我特别后悔当初没洗头。这位学生对我说："龙哥，自从您关注了我，再也没有人欺负我了。"

这个听起来很简单的故事，背后并不是这样的，我记得当地的书

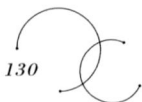

店，以拒绝结款相威胁，要求我删除微博。我倒不在乎钱，这种黑钱，不赚也罢。但当时许多利益方都惧怕损失，好说歹说，我终于删除了微博。

但我多聪明，我又在微信公众号上，发表了一篇文章。

当然，后来人家找来，问出版社，说尚龙老师除了微博之外，还有没有瞎嚷嚷的工具。出版社说还有微信号，关注的人可能比他微博上的人还要多。

最后他们找了各种人来说服我，那天晚上，我还是删除了。他们逼着我和他们达成一致：不准在社交媒体上发这件事。为了不招惹太多人，最后，我还是删除了。

那天之后，我关闭了自己的社交媒体平台，拒绝了任何人的游说，我进入了闭关期，等到再次出关，我带来了这本书《刺》。

这本书刚刚上市，就占据了各大排行榜的第一名。在书中，我愤怒地写着"天使不登台，魔鬼不退场"。

就在 2018 年年初，全国两会第一次提出了校园暴力的问题，十二届全国人大内务司法委员会副主任委员王胜明表示，全国人大内务司法委员会建议修改《中华人民共和国未成年人保护法》和《中华人民共和国预防未成年人犯罪法》，提出针对性的解决办法。他还说："一件事大家都重视了，离解决这个问题就不太远。"

很快，随着越来越多的人的关注，越来越多的城市也提出要立法立规，直到今天，许多中小学都有了反对校园暴力的办公室，更多的孩子被保护了。随后，相关部门公布了数据，近三年校园暴力案件呈逐年下降趋势。随后，广东省出台了校园欺凌治理方案，添加了起外号也算欺凌这一细则。

而这时，再也没有人说我不务正业了。要不了多久，《刺》这部剧就会跟大家见面，我想把苏青的话带给你们："我们就一起期待着吧。"

着手眼下，或许你才能看到整个世界，如果你只盯着整个世界，那么到头来什么也看不见。

## 4

所以，三十岁前究竟要做点什么？

我觉得三十岁前需要做的，就是让今天的自己比昨天好那么一点点，让今年的自己比去年厉害一些。

三十岁前的日子，是成长的印记，是青春的痕迹，也是时光的日记。

二十多岁的青春，是不愿意和别人一样的动力，是持续改变的努力，更是坚持拼搏的耐力。

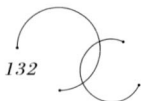

所以，只要你还在路上，你终究会看到更好的自己，不要停下前进的脚步，要看着阳光，照亮身边的一切。

我曾经写过一句话："下次见面，让我们彼此都更好些吧。"每次相见，其实都是一个节点，你可以反思过去，憧憬未来，珍惜现在。

我记得，有一个孩子第一次来参加我的签售会，是备考最难的时候。第二次见到我时，她已经考上了爱丁堡大学。

这是我听到的最美的消息，因为她的今天总比昨天好，今年比去年棒，哪怕只有一点点。

希望你也一样，能一年比一年更好。这样，到了三十岁，你就能骄傲地说："虽然我依旧不算成功，但至少，我没有辜负二十多岁时的青春。"我想这也是生命中最好的意义。

总有人问我："你最好的一本书是哪一本？

我说："下一本。"

同样，当有人问你："你最好的一天是哪一天？"

请你一定要回答他："明天。"

# 三十岁，还有没有机会？

## 1

之前，我看过一部纪录片，名字有些忘却。导演采访了三组小孩，每一组跟踪了二十年。

第一组孩子来自美国的富人区，他们每天接受最好的教育，时常有一对一的家教。他们每个人在小学时就有了自己的电脑、自己的图书馆还有专属的足球场。毕业后，他们几乎都考上了斯坦福、哈佛这样的名校。三十岁那年，这些人都成了社会精英，在各个岗位上发光发热。

第二组孩子来自美国的中产阶级，他们也学习，也读书，但因为

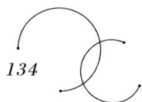

资源匮乏，他们大多数人没有更好的教育资源和生活资金。他们沉浸于娱乐新闻、花边图片，他们最喜欢看杂志《花花公子》和漫画书。毕业后他们找到了属于自己的工作，以打工为生，在三十岁前，也都不约而同地结了婚，有了孩子。

第三组孩子来自美国的贫民窟，许多孩子从小就没了父亲，在充斥着毒品、暴力的街区中长大。这些孩子从小就学会了叛逆，为了生活要一边忙着偷东西、打零工，一边忙着和老师顶嘴、被老师体罚，他们在这样的环境中度过了自己的青春。这些孩子也很快长大，他们要么从事底层的劳动，要么就走上了吸毒、偷窃、抢劫的道路。

但在第三组里，有一个孩子有了不同的结局。他不合群，每天都跑去市中心的图书馆里读书，别人一开始不让他进，但他很执着，就一定要待在那里。最后，这孩子考上了名校，成了美国一个州的州议员。

英国也有一部纪录片，叫《人生七年》，聚焦了十四个不同阶层的同龄人，分别在七岁、十四岁、二十一岁、二十八岁、三十五岁、四十二岁、四十九岁、五十六岁时对他们进行了访谈。在这些故事里，我们无一例外地看到了两个道理：

第一，阶层正在固化；

第二，总有一些人，突破了阶层的固化，实现了个体的超越。

当然，我还要加一句，这些故事，都发生在国外，而不是中国。

## 2

为什么要加一句，不是发生在中国呢?

因为中国这些年的发展，已经超过了西方的很多国家。

我曾读过俞敏洪的《我曾走在崩溃的边缘：俞敏洪亲述新东方创业发展之路》，在 20 世纪 90 年代，出国意味着能力出众，事业成功，而留在那里并找到工作的人，寥寥无几。这些年，许多出国定居的人，竟然也纷纷回国。因为只有在这片土地，你才有改变世界、突破自己的可能。

前些日子，我听了曾任通用电气董事长兼首席执行官的杰克·韦尔奇在美国大学做的演讲。美国大学生问他，他们现在应该学习什么专业，才能让未来的自己更具备竞争力。

杰克·韦尔奇说，生物科学、人工智能还有中文。

听到最后一个建议时，我被十足地吓了一跳。

托马斯·弗里德曼在《谢谢你迟到》里说，英国掌握了 19 世纪的海上霸权，美国拥有了 20 世纪的科技优势，21 世纪要看中国的了。

而我们，正站在这片土地上。

可是，这片土地太大了，如果精确地说，我想告诉你，尽量来大城市，因为在大城市里，你能有更多的可能。

这些年每次去做签售，都会有同学问我："我们现在一无所有，

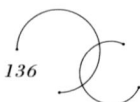

以后的生命还有什么可能？"

我的回答永远是："虽然我不知道这些可能具体是什么，但我知道，有很多很多很多可能。"

也有人问："如果中国的阶层也固化了，我该怎么办？"

我的回答是："但是，个体永远永远永远不会固化，你可以通过努力，去任何自己想去的地方。"

我是 2008 年来到北京的，那个时候，我背着一个包，口袋里有一部手机，上衣兜里有五百块钱，什么背景也没有，什么人也不认识。

一晃，我已经在这座城市待了十二年，我不敢说自己很成功，但对比那个十八岁的自己，至少我现在越活越像自己的模样。

后来我才发现，有许多人都是这样，他们一无所有来到了大城市，通过努力，得到了改变。他们拼命努力，没有机会创造机会，他们被碰得头破血流，却平静地过着每一天。

我也曾想过逃离这座城市，但我依旧热爱这座城市，因为我知道，只要坚持下去，总能看到自己更多的样子。

在中国，你可以在小城市里学到知识，但大城市能给你更多的见识。

这些见识，能让你交到更好的朋友，进入更珍贵的圈子，学到更不可替代的技能。

你的生命，当然有太多可能。

## 3

从小父亲就告诉我，在迷茫的时候，也别忘了这么两件事：学习和希望。

希望是一个人在绝望时的火柴，而学习就是那灯芯上的油，火柴点燃了油，你就能看到光。

我今年三十岁了，依旧认为，学习和希望是人这一生中最重要的两件事。

有人问："如果我也三十岁了，还一无所有怎么办？"

朋友，我想告诉你，不用担心，现在一点也不晚。三十岁刚刚开始。在这片土地，你有无数种可能，让自己从零到有。

在我教过的学生里，有通过努力考上研究生的，有一无所有创业成功的，有进了大公司年薪百万的，还有从名牌大学毕业卖小龙虾也实现了财富自由的。

这些人正在告诉你，三十岁，一切才刚刚开始。

## 4

我曾经听过一个演讲，叫《寒门贵子》，演讲者是我的好朋友刘媛媛。

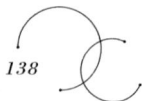

很多人调侃她，说她站着说话不腰疼。

其实不是，媛媛是用自己的故事，告诉人们一个简单的道理：寒门的确难出贵子，但不是不能。

学习是最简单、最廉价的方式。

刘媛媛是《超级演说家》第二季的总冠军，在此之前，她不过是河北一个县城里非常普通的一个女孩子，自己通过努力考来了北京，又寒窗苦读，考上了北大的研究生。

媛媛《寒门贵子》演讲视频的传播范围广得很吓人，我在远方田间地头的亲戚都听过，他还告诫身边的女孩子："别像这个女孩子一样，疯了。"

我们在北京经常一起喝酒吃饭，但往往都是我约她，因为我怕她没钱请我吃饭。

直到有一天，刘媛媛竟然主动给我发了条信息，说："龙哥，我请你喝酒。"

然后她忽然告诉我："龙哥，我买房了。"

我叼在嘴上的肉忽然掉在了桌子上。

她继续说："还是全款哦。"

此时，我的筷子也掉了。

这个消息令我非常崩溃，因为大家知道，当你的朋友买了房而你没买时，这总显得你不够努力。而努力就是我的人设。更何况，对方的人设还是寒门，我从来没说过自己是寒门，这回好了，我成了寒门。

接着，媛媛讲了很多类似知识改变命运的话，的确，她一直在工作，从未停歇。就这样，媛媛的人设崩塌了，她的寒门让我寒冷，而我，不仅人设崩塌，人生也遭遇了塌方。

但我听过一个"密友五次元理论"，意思是，你的身份、地位甚至金钱是由你身边五位密友的平均值决定的。

几天后，我和另外几位朋友在一起吃饭，刘媛媛姗姗来迟，我看了一眼饭桌，吓了一跳，因为加上我刚好是五个人。

于是，我悄悄地问身边的朋友："你们知道吗？今年，媛媛买了套房子，还是全款，这是个什么世道？"

结果，一个朋友吃了口菜，说："哦，我是去年买的。"

另一个朋友说："我是前年。"

接着，大家纷纷交流了自己的买房经验，以及表达着努力学习和工作的重要性。

我坐在酒桌上，自卑到无法自拔。这时，最后一位朋友摸了摸头，我渴望地看着他，他说："我没买房，不丢人吧。"

我赶紧说："当然不丢人。"

他继续说："我爸妈在我出生前，就给我准备好了几套房，就在雄安新区。"

事已至此，我并不忧伤。

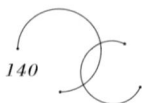

我想，和我这么亲密的朋友们都买了房，还都是全款，根据"密友五次元理论"，他们都买了，我还会远吗？

果然，一年之后，我拉黑了他们所有人。

当然这是开玩笑，因为买不买房只是一种选择。北京就是一座你怎么选择，都没人会歧视你的城市。

其实媛媛并不是算寒门，因为一个人的富裕程度，应该取决于自己是否有知识，是否读过书。

读书可以让人变得富裕，甚至可以让人变得有钱。

媛媛的故事告诉了我一个很深刻的道理：你要永远向前，你的生活里就不会缺钱。你只有读书，才不会服输。

在这个时代，你有无数个改变自己、提升圈层的机会，尤其是在这片土地上。

而知识，是最好的上升阶梯。

## 5

为什么知识是最好的阶梯？

因为知识能改变一个人的认知，能打破你固有的经验主义思维。

而认知能改变一个人看世界的方法和角度。

我曾经读过一本阿比吉特·班纳吉的书，叫《贫穷的本质：我们为什么摆脱不了贫穷》，这本书提出了穷人的三种思维局限：

（1）缺乏有效的避险工具；

（2）不做远期规划；

（3）对超出认知的东西充满执拗和偏见。

而读书和学习，就是一种能打破现有偏见、执拗，提高认知的最好方式。

在上课的时候，我经常会推荐一本书，叫《富爸爸穷爸爸》，这本书在我创业时给了我很大的启发，作者有两位父亲——亲生父亲和企业家爸爸。

他的亲生父亲总说："贪婪是万恶之源，人就应该懂得节制，不要浑身都是铜臭味。"

而另一个企业家爸爸总是说："贫穷才是万恶之源，贫穷会放大人向恶的一面，会把人们向善的一面磨灭掉。与此相反，有钱才会帮助到更多的人，才会消灭掉世界上更多的恶。"

亲生父亲如果遇到一个特别贵的东西，总是会习惯性地说："这个我可付不起。"然后就不再去想这个问题了。

企业家父亲会坚决禁止作者说这样的话，从而不准他这样想问题。他总是会让作者这样想：如果我要买这个东西，我要怎么去赚钱才能

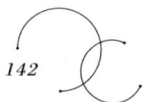

买得起。

亲生父亲总是说："政府太黑心，我们三分之一的工资都被拿去交税了。"

企业家父亲总是说："政府就是应该收税呀，不收税怎么营造一个公平的市场环境？税收本来就是奖励勤快人、惩罚懒人的工具。"

亲生父亲总是劝他："你要好好学习，以后就能找一份好工作，就能养活自己了。"你听，是不是和我们大多数家长说的话差不多，要好好学习，不好好学习以后找不到工作。

企业家父亲却总是说："你要好好学习，这样以后你就能开自己的公司，创造很多就业机会给别人。你看见好的企业还能收购他们，给更多的人工作机会。"

亲生父亲只要在饭桌上，就不准谈钱，只能安安静静地吃饭；而企业家父亲只要在饭桌上，就一直在谈生意，从头到尾说个没完。

亲生父亲偶尔谈到钱，也都是用非常小心谨慎的态度去说，花一笔钱都会思前想后，就像割自己的一块肉一样疼，生怕花出去的钱就再也回不来了；而企业家父亲不会这么拘谨，他告诉作者要学会风险控制，一旦在风险控制之内，就用钱大胆地去投资。

亲生父亲总是会把账单拖到最后的期限才支付；而企业家父亲就

不会，他会预先支付账单，绝对不会出现逾期的情况。

亲生父亲总是相信，政府会满足人民的需求；企业家爸爸就完全不相信这一套，他认为一个人要始终对自己的财务状况负责，持续学习才是最好的保障。

后来，两位父亲都去世了。亲生父亲留下了一大堆银行账单，而企业家父亲留下了数亿美元的资金做慈善。

一个人的思路，往往能决定这个人的一生。

而持续学习，能改变一生。

## 6

所以，如果有人继续问："三十岁还有什么机会？"

我的回答是："每个年纪，都会有不同的机会，但机会永远有。三十岁，才刚刚开始。"

机会，和年纪无关。

前些时间，我读了一本书，叫《百岁人生：长寿时代的生活和工作》，书里提到，如果一个人真的能活到一百岁，我们熟悉的三段式人生或许会荡然无存，而我们要过上多段人生。

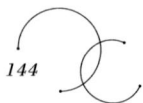

原来六十岁退休，现在，五十岁才刚刚过了一辈子的二分之一。

那三十岁呢，是不是才刚刚开始?

更何况，你现在才二十多岁。

只要你还有一颗敢想敢做的心，这世界的机会，多着呢。

愿你一直在路上，义无反顾地奔跑。

# 反思的力量

<u>1</u>

前些日子，我采访了许多优秀的人，问了他们三十岁前让自己最受益的思维模式是什么。

他们无一例外地告诉我两个字：反思。

深夜，我坐在电脑旁，对着这个题目，敲下了第一行字。

我确定，他们说得对。

人在任何情况和任何年纪，都会特别害怕两种状态：

第一，忙到没时间反思；第二，觉得自己特别厉害，不用反思。

这两点，是阻碍自己进步的关键。

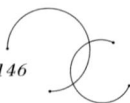

我见过很多人到中年依旧没有进步的人，他们都具备以下的状态：忙到回家倒头就睡，往往第二天还会被事情牵着走，没有改变；越是觉得自己厉害，越不爱学习，进而觉得自己什么都知道，最后把自己逼进了死胡同。

好学的人总觉得自己什么都不知道，而无知的人总觉得别人什么都不知道。

我很幸运，我是在二十多岁的尾巴上，学会反思的，而那些反思，帮了我很多。

每到夜幕降临，夜深人静时，我总会找个安静的角落，拿起一本书，像拿起一面镜子一样，照着书里书外，开始一天的反思。

那是一个晚上，我先洗了个澡，又浑浑噩噩地拿起一本书躺在沙发上，开始晚上的阅读。

这是我这些年的习惯，如果晚上没有局，我就会躺在沙发上一动不动。

忽然，一句话映入眼帘："人的堕落，是从身材失控开始的。"

我放下书，抬头看了看天花板，走到了厕所的镜子旁，镜子里那个胖子，到底是谁？是啊，从开始工作到今天，我已经堕落了多久？我总说工作忙，可是，那是不是只是借口？

那段时间，有一个词"油腻中年"特别火，我想，快到中年了，我是不是还要继续油腻下去？

于是，我开始反思自己的生活。

我不是从未重视过自己的身材，在二十四岁的时候，我曾经减过肥，那段时间我每天跑五公里，早上吃一顿饱饭，中午晚上不吃，一个月就瘦了二十斤。

但不幸的是，我不仅在三个月后成功反弹，还在五个月后反弹到了更高的重量。

从那之后，不仅我的减肥信心受到了严重的打击，而且我的体重也居高不下。我看着我的双下巴和大肚腩，不知如何是好，只能认命。

但那天，我决定做点什么，我放下书，走进书店，开始寻觅关于减肥的书。

这些年我有个好习惯，但凡遇到不懂的，我总是会在书中寻找答案。

我知道，我到达不了的世界，书本总能帮我找到通向那里的路径。

我找到了几本书，上面写着一些食谱，也写着一些运动的方式，但每一本书的背后，都清楚地写着两个字：坚持。

随着年纪的增长，我越来越明白坚持的意义，二十多岁的坚持有时候比努力还重要。

但我也越来越明白，坚持是要付出代价的。

你坚持节食，就减少了暴饮暴食的喜悦；你坚持独处，就减少了恋爱的欢喜。

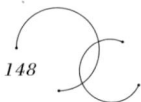

原来，我有一个朋友，他每天晚上都节食，半年后，通过自己的努力，在北京他一个朋友也没有了。

在这个行业，不社交，就等于没朋友。可是，两者兼得，谈何容易。但生活又何曾容易过呢？

于是我决定，要做点什么。

我给自己列了个食谱，按照书上的内容，计划每天早上吃什么、中午吃什么。我在这里要特别感谢两本书《谷物大脑》和《去你的脂肪》，这两本书里有非常详细的方法，简单来说，叫高脂肪低碳饮食法。

如果晚上实在有饭局，我就会把早上和中午的饭量减半，晚上如果特别想吃东西，我就在手上戴一根皮筋，时不时弹自己一下，提醒自己别吃了。

我推掉了无意义的饭局，用这些时间在健身房锻炼。我办了一张健身卡，每周运动五次，不是跑步就是游泳，在这里也要特别感谢两本书《运动饮食1：9》和《运动改造大脑》。

我戒掉了主食、糖等碳水化合物。我开始进行规律性的运动。

重要的是，我决定坚持下来。

三个月后，我整整减了三十斤。而这一回，我终于没有反弹。

那年的签售会上，我清楚地记得读者们冲我大声呼喊道："李尚龙，你是不是做手术抽脂了？"

我回答说："抽脂我应该先抽脸啊。"

在一片笑声中，他们让我传授减肥的秘诀，我说："我希望你们更应该学习的是反思的力量。所谓反思，就是要找到自己的不足，努力修正，从而让自己变得更好。"

那些三十多岁有着不错成就的人，都有这么一个特点，他们经常会在夜深人静时，反思过去的生活，反思今天的不足，反思曾经的缺点。他们明白，犯了错不要紧，惹了麻烦没关系，但一定要问自己为什么，要提醒自己一定不要犯第二次。

其实，不再犯错的核心，就是要定期反思、时刻提醒自己，光做到这一点本来就很难。

孔子的学生颜回在二十九岁时，头发全白了，很快就离开了世界。孔子为颜回的死哭得非常伤心。鲁哀公问孔子："弟子孰为好学？"孔子回答："有颜回者好学，不迁怒，不贰过。不幸短命死矣，今也则亡，未闻好学者也。"

孔子的意思是，我有一个叫颜回的学生，爱好学习，他从来都不把自己的怒气转移到别人的身上，不重复犯同样的错误。但他不幸早死，现在没有这样的人了，我再也没有听说过有好学的人了。

其实，不贰过真的不难，只要你在二十多岁时，把反思养成习惯。查尔斯·都希格的《习惯的力量》告诉我们，只要你不停强化你的脑回路，刻意练习，自然就能成为一个高手。

## 2

除了反思自己，还要定期反思身边的人对自己的影响。

随着年纪的增大，你要学会更换身边的朋友。

其实，对一个人来说，环境非常重要。你身边的人，在很大程度上，决定了你的高度。我们很少能看到父母都是暴脾气的孩子，能有一颗温柔的心；也很难见到一个成长在贫民窟街区的孩子，会把读书放在第一位。

不是说从来没有，只是概率很低。

所以，如果有可能，不仅要反思自己，还要反思身边的人。

要去选择自己的朋友，而不是被动地被影响。就好比，你的室友、同事其实很难是你的朋友，因为朋友是自己去寻找的，而室友、同事往往是被动分配的。

我越接近三十岁，越开始谨慎地挑选身边的朋友，因为我知道，许多东西都需要做减法了，而那些跟你渐行渐远的人，你必须勇敢地和他们说再见。

我曾经有个助理，跟了我好些年，他的家境条件不错，在北京有好几套房。一开始我们走得很近，可是走着走着，价值观就开始不一样了。

我逐渐发现了他的一些改变，比如点菜喜欢大手大脚，而且从来不管饭菜的价格，就是不停地点，让服务员不停地上。

再仔细观察，他平时的消费也开始令人恐慌，动不动就买各种衣服，动不动就换最新款的手机。

可是作为给他发工资的我，深知他的收入不低但也并不是那么高，他还在学校读书，哪里来这么多钱？

但我没说话，任凭事情的发展，他开始变得不好交流，令团队里的其他同事不舒服。

后来我逐渐明白，因为他长期跟我出入一些场合，看到我身边的一些朋友花钱大手大脚，受到了影响，心想自己也能这样，于是完全不考虑自己能赚多少钱，就开始大手大脚地花钱。可是，他忽略了一个问题，那些大手大脚花钱的人，平均年纪比他大二十多岁，这些人在和他一样的年纪里，都一贫如洗，都还在努力地赚钱。

那问题来了，他哪里来的钱？

几个月后我才知道，他借了校园贷，利滚利，还不上了。

成年人的崩溃，是从借钱开始的；但对青年来说，许多借钱引起的崩溃，都是自己"作"的。

我依稀记得，他找我借钱时给我发的微信，那言辞、那语气，完全和我之前认识的他不一样。

那一刻我很难过，我说："你跟了我这么多年，我做了这么多演讲都在告诫学生不要借校园贷，怎么你还要借呢？"

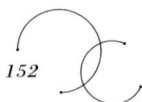

他很坚持，说："龙哥，我现在是危难时刻，你要不要借我钱？"

我说："借钱可以，来找我，我面对面借给你。"

当天晚上，我取了几千块钱，在一个酒吧里等他。

当然，他没有来。

而我，也少了个朋友。

从那之后，我开始明白，金钱能迅速地腐蚀一个人，而格调也能很快地毁掉一个人。你不属于这个环境，没有这个能力，还要硬融，越往上走，诱惑越大。

而他的崩坏，影响到了我团队的运转，大家在潜意识里认为：只要跟龙哥一起吃顿饭，就能大手大脚地花钱。于是，我果断地和他断绝了关系。

后来，我把这句话写在了我团队的简章里："但凡碰了'黄赌毒'和非法借贷的人，都不被允许进入我的团队。"我在日记本上还加了一句："更不允许进入我的世界。"

直到今天，我终于组出了得心应手的团队，而在这个团队里大家目的明确，学习步伐一致。

但我过去犯的错、认错的人，确实让我痛苦过。

人会变。越长大，越要甄选身边的人。这很痛苦，但你不得不这么做。

其实，在三十岁前有两件事十分重要：

第一，做正确的工作；

第二，和正确的人一起工作与生活。

但你知道，这些，都很难。

### 3

在三十岁之前，还有一种反思：要反思这个时代，从这个时代中去学习更重要。

狄更斯在《双城记》里写过这么一段话：

"这是一个最好的时代，也是一个最坏的时代；

"这是一个智慧的年代，也是一个愚蠢的年代；

"这是一个信任的时期，也是一个怀疑的时期；

"这是一个光明的季节，也是一个黑暗的季节；

"这是希望之春，也是失望之冬；

"人们面前应有尽有，人们面前一无所有；

"人们正踏上天堂之路，人们正走向地狱之门。"

这段话，放在这个时代，刚刚合适。

这个时代变化得很快，谁也不知道，会不会有一天，人工智能就

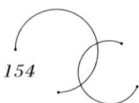

代替了人。

每次一件事情上了热搜，立刻会出现两群人，一群人忙于责骂，一群人忙于反思。

责骂的人，爆发了情绪；反思的人，得到了进步。

我读过一本书叫《未来的工作：传统雇用时代的终结》，书里说："这世界，或许更需要的是会在时代中反思的人，因为这些人能更好地和高科技、新科学结合，成为超级个体。"

但这一切的前提是，你一定要学会接受新事物。

前些日子，我给教师们做培训，一位老师对我说："尚龙老师，听了你的演讲我很受益，你反对用抖音，因为它占用了我们太多时间，所以，我把抖音删除了。"

我愣在那儿，说："我不是这个意思。我是建议正在备考的学生删除它，但我们做老师的，必须站在时代的前沿，拥抱时代，反思时代，这类手机 APP 虽然'有毒'，但我们必须学会驯化它、掌控它，从而从中学习到什么，再教给我们的学生。"

这个老师很可爱，那天中午，他就一直在刷抖音，一旁放了个闹钟，一到十五分钟，他就休息一下，闭闭眼睛，然后继续刷。

我说："怎么啦？"

他说："尚龙老师你看，大数据每给我推三条知识视频，就给我推送个美女，我点不感兴趣后，它又给我推五条知识，然后给我推一个美女，我再点不感兴趣。我每十五分钟定个闹钟，就是为了让这个软件不要控制我，这样，我才能牢牢地控制这个软件。"

他又笑了笑，说："你看，现在它给我推的，全部是我真正需要的东西了。"

我不知道应该说什么，但他的这段话让我明白，所谓的时代精英，不是被机器控制的那群人，而是能和机器和谐相处，让机器为自己所用，甚至让时代融入自己的血液的那群人。

他们终身学习，时刻反思，然后做最好的自己。

这就是反思的力量，也是我在三十岁时，想要告诉你的最重要的法宝。

# 我们对专业的力量一无所知

<u>1</u>

韩寒写过一个故事，写得非常好，我在下面引用部分原文跟大家分享：

"首先向大家介绍一下我的爱好之一，足球。足球我自认为脚法不错且身法灵活，从初中开始，班级联赛拿过全校冠军，在校队踢过前锋和门将，'新民晚报杯'中学生足球赛拿过区的四强，我护球很像梅西，射门很像贝利，曾经一度觉得可以去踢职业试试。然而这一切都在某个下午幻灭了。

"那是十几年前，我二十岁，正值当打之年，一个学生网站组织了一场慈善球赛，我和几个球友应邀参加，他们也都是上海高中各个校队的优秀球员。对手是上海一支职业球队的儿童预备队，都是五年级左右的学生。

"我们上海高中名校联队去的时候欢声笑语，都彼此告诫要对小学生下手轻一点，毕竟人家是儿童，哈哈哈哈。由于匆匆成军，彼此都记不得名字，决定各喊球场上的外号，比如二中菲戈、附中克林斯曼、杨浦范巴斯滕、静安巴乔。

"上半场结束后，我作为金山区齐达内只触球了一次。你们没看错，我他妈只触到了球一次，上半场二十分钟，我们就被灌了将近二十个球。后来裁判嫌麻烦，连进球后半场开球都取消了，直接改为门将发球门球。我们进球零个，传球成功不到十次，其他时间都在被小学生们当狗遛。

"半场结束，我们不好意思再称呼对方的外号，改为了叫球衣数字。队长把我们聚在一起，说，兄弟们，这样下去要输五十个球，要不下半场我们就都站在门口堵门吧，力保丢三十个球以内。

"最后这场比赛没有下半场，对方教练终止了比赛，说不能和这样的对手踢球，会影响小队员们的心智健康。于是活动直接进入到慈善捐款环节。我们上海高中联队的球员们在全场女生复杂的眼神中，排队上台，向捐款箱中火速塞钱，并在一片鸦雀无声中退场。

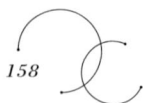

"从那次以后，每次和大家一起看球，看到职业队踢了一场臭球以后，身边的朋友们纷纷骂说自己公司的球队上去也能把申花 or 上港 or 国安 or 恒大 or 国家队等队伍灭掉的时候，我总是笑而不语，心中荡漾起二十岁那个下午，被小学生支配的恐惧。而我也曾对那种力量，一无所知。"

## 2

这篇文章叫《我也曾对那种力量一无所知》，讲述了许多关于专业和非专业较量的故事，得出的结论也很简单：不专业的人尽量不要挑战专业的人。

为什么呢？因为专业的人解决问题的方法，是针对整个系统的，而不专业的人，只是针对问题本身。

最简单的例子是，一只野猪看见门关了，它只会去撞门，这是最显而易见的解决方式，只是撞门。但是一个人看见门关了，他会去找钥匙，因为他看到了门那里有个钥匙孔，他看到的是系统本身。

其实你仔细看，身边有很多这样的例子：一个业余的跑步者，跑不快，他会拼命跑，跑到身体受伤，还在怪自己毅力不够；但是，一个专业的运动员，要提升速度，他会就身体的不同部位做针对性训练，对自己的饮食进行调整，直到自己不用太费力也能顺利跑下马拉松。

再比如学英语，业余的人每天都不停地背单词，看起来很辛苦，但背了前面忘记后面，对考试并没有什么帮助；但一个专业的英语老师，会告诉同学今天应该背单词，明天应该做真题，真题做对了应该怎么办，做错了应该怎么办，什么时候应该模考，什么时候应该给自己反馈，久而久之，同学的英语水平自然就会提高。

但可惜的是，我们许多人，对专业这种力量，一无所知。

那怎么分辨一个人是专业的还是业余的呢？

很简单，你看他遇到问题时，是按照本能和直觉在问题本身上使劲，还是把视野拉回到整个系统上再使劲。

有趣的是，后者的处理方式，往往更反常规。

在美国，有一种职业叫家庭治疗师，《热锅上的家庭：家庭问题背后的心理真相》这本书里讲过这样一个故事，父亲带着妻子问治疗师，女儿总是跟妻子吵架，应该怎么办。这位家庭治疗师只用了几句话就弄明白了问题的所在，他说，那是因为这位父亲跟他的妻子在家里已经不讲话了。这个回答不仅出乎意料，而且反常规。女儿在家里感受不到爱，就时常惹妈妈生气，这样爸爸就会站在妈妈

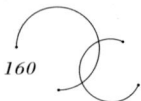

这边批评自己，他们就能有更好的感情。每次读到这个故事时，我都会感叹专业的重要性，因为一般人要么是劝妈妈少跟女儿说话，要么就批评女儿让她少气妈妈，但效果几乎没有。我们对这种力量，的确一无所知。

每次在四六级考试前，网上总是流传着一些奇怪的解题方法，还有一些写着"最后一天必过四六级"的方法。每次看到这些方法时，我都觉得后背在冒冷汗，因为大部分的方法都不对。但最可怕的是，有的方法也不是都不对，而是还有点道理。

每年考试结束后，我的好朋友石雷鹏老师都会在网上宣布一个消息，就是押中了考试中的作文题或者翻译题，这已经持续了好几年。许多没考试的人看他上了热搜，就疯狂地骂他，说他是骗子，怎么可能押得中。外行的人，永远不知道这种力量是从哪里来的。其实，如果是一个专业的老师，他不可能押不中，因为他押中的不是作文题目，而是可以使用的作文句子、可以使用的话题和方向，无论对方怎么出题，这些都可以用到考试中。

但可惜的是，每次都有许多业余的人，评论着专业的人，批评着专业的人。

## 3

所以，到底什么是专业呢？

专业意味着一个人在某个行业里，耗费了大量的时间，有着大量的思考，产生了海量的思想成果。这些足够让他成为一个专业的人。

而专业的人一定知道自己领域的局限，知之为知之，不知为不知，是知也。

比如，之前有人请我去讲高考英语，我说，我不能去。他们说，我不是四六级、考研都可以教吗？高中英语怎么教不了？我说，因为隔行如隔山，我是可以讲英语，但如果涉及考试方向、考试技巧、得分方法，我必须要花时间研究，然后给出正确、合理的知识与结论。但是，如果我没时间，我就不能去讲，因为我在这个领域并不专业。

就比如，你会让一个肠胃科的大夫，去看你的腰伤吗？你会让一个有摩托车驾照的人，去为你开公交车吗？

哪怕有多么强烈的欲望告诉你，自己很厉害，自己上手就会，这些领域是有关联的，但我们都知道，在最关键的时候，你一定会做出最专业的选择，选择最专业的人，得出最专业的结论。

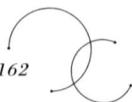

## <u>4</u>

可惜的是，在这个世界上，总有一些非专业的人，批评、建议、领导着专业人士。

这样很容易引起麻烦。

我在写第一个剧本时，投资人来找我吃饭，不停地跟我说应该怎么写，说得头头是道，也有几分道理。我跟他说，要不这样，我就不写了，请他来写吧。

为什么呢？因为许多听起来对的逻辑，却无法实操，因为实操和想当然之间有着巨大的鸿沟。

就好比，你怎么也写不出一个女的又喜欢霸道总裁，又喜欢同班同学，还有一个快离婚的老公，这在生活中有可能，在戏剧中也有冲突，故事也有自己的特点。

但是，这过不了审。

不是看电影看多了就能写故事，也不是病久了就可以当医生，更不是看球看多了就能秒杀恒大。所有的高手，都需要长时间地刻意练习、总结思考，才能成为这个行业的高手。

隔行如隔山，专业的人做专业的事情，不专业的人了解一下专业领域的知识后再说话，其实也是对自己的尊重。

## 5

所以，这些年我一直这样要求自己：

第一，对于自己不熟悉的领域，不要评论，不要干涉；

第二，可以提出建议，但不要给出要求。

每次我在定新书的封面时，往往只是对设计师说出我的建议，我希望这本书封面的主色调是什么样子，字体的设计应该是什么模样，以及请设计师告诉我看完作品后他自己的感觉，但具体操作的方法以及细节，我从不干涉。结果是，我的每本书的封面都可以成为那一年的潮流封面。许多人以为我在美学方面有天赋，其实不是，仅仅是因为我知道自己不专业，我什么也不懂。

人啊，就是因为知道自己什么也不知道，才会让自己走到更远的地方。

这是我在三十岁前，学会的东西：尊重专业，因为我们对专业的力量一无所知。

Chapter **Four**

第四章

三十岁

# 自控

三十岁，一切刚刚开始 ▲

# 我也曾走在崩溃的边缘

　　前几天，我又被一位媒体朋友问道："你是如何既当作家，又当老师的？你是如何既创业，又写作的？"我像往常一样，厚颜无耻地回答着，表述着。就好像每一次，我都能处理得很好，就好像每一回，我都能不惧生活，勇往直前。

　　其实，并不是这样，我的生活经常失衡，也时常失控。

　　我曾因此自责过，但后来我逐渐明白，我不是唯一那个动不动就失衡的人。生活里所有的平衡背后，都是失衡，但随着自我的调节，生活才逐渐平衡了起来。

　　只不过，我们选择了遗忘那些不平衡的经历。

　　生活并不是你活过的模样，而是你记住的模样。

　　绝对平衡的生活并不是不变的生活，就像人在钢丝上行走，你只有不停地左右摇摆，才能安稳前行。

　　我和每个人一样，也曾走在崩溃的边缘。

　　但好在，我从未细致地想过如何去平衡，也没有想过要在平衡后再前行，我总是先走在路上，再在路上试着平衡自己的步伐。

<u>1</u>

　　我记得 2018 年的一天，我刚出差回到北京，累得半死不活，本想睡两天安稳觉，却接到了一个通知，要跟许多编剧去山西右玉开会，探讨影视作品的价值与价值观。

　　我看了看课表，第二天还有一节课，我本想婉拒，可宋方金老师给我打了一通电话，说：“尚龙，你最好还是来，因为这个圈子里很多重要的人都到了，在会议上很多人也要发言。”

　　于是，我收拾了一下衣服，带着电脑和上课的讲义，坐着大巴车，一路颠簸到了右玉。

　　下午他们开了个会，晚上在他们吃饭的时候，我进了酒店，然后饥肠辘辘地插上网线，开始为上课做准备——这些年，我已经习惯刚

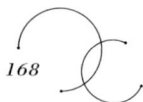

到酒店就测试酒店的网速，方便晚上上课。

我连上了酒店的 Wi-Fi，一测网速，我吓了一跳，慢到完全没法上课。

我找到服务员要了根网线，想着用网线能快一些，然后服务员找来几根网线，再次测试，结果出乎意料：还不如 Wi-Fi。

我终于用了备用方案，打开手机热点，见鬼的是，在这里，4G 的速度都慢到令人崩溃。

这一回，我所有的备用方案，都失效了。

我看了看表，还有不到半小时就要上课了。

这时，我已经有些紧张，思考着应该怎么办。这些年我特别害怕一边上课，学生一边喊卡，因为网络卡与不卡，我无能为力。我是一个老师，在教学方面或许有所建树，但对于网络的好与不好，我又能做什么呢？

可是，学生不这么认为。

所以，只要在外地，我到达酒店做的第一件事，永远是测试酒店的网速。

但这次，很明显我遇到了麻烦，备用方案也出了问题。我立刻打开了手机，查了查周围的地图，一咬牙、一跺脚，打了辆车，十分钟后，我到了当地唯一的一家网吧。

直到今天，我还记得那段对话。

"你们有包间吗？只有一台机器的那种！"

"没有。"

"那有没有小房间，安静的那种，我都包下来。"

"你要干吗？"

"我要上课……好吧，"我怕对方听不懂，于是又说，"我要开个电话会议。"

"我们真的没有。"

情急之中，我看了一眼在这家网吧里上网的人，好在人不多，我径直走了过去，对每个人说："不好意思，我现在需要在这家网吧里开电话会议，很重要，这一百块钱是赔偿您的损失，我从七点用到九点。对，九点后您就能来了，谢谢，谢谢……"

那天，我运气很好，他们都同意了。

在他们都离开了网吧后，我转身对老板说："接下来我包场。"

老板看了我一眼，说："一千块一个小时。"

我不停地讨价还价，最后定下来一千五两个小时，但是到了九点，我必须允许其他人来上网。

我交了钱，插上网线，一试网速，声音传到远方，学生说能听到，瞬间，我的眼睛差点都红了。

我依稀记得，那两个小时，我讲得很慢、很细致。因为我知道，能换来一个安静的环境给大家上课，不容易。

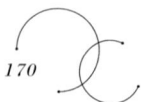

课程结束后，学生们让我唱歌。我说，不了。他们说我无情，但他们不知道的是，外面已经排了几位等待着上网的青年，而我押的钱也不够了。

上完课，我走在右玉的街头，那街头没有灯，只有一个我，晃晃悠悠。我忽然意识到，自己还没吃饭。

回到酒店，我给尹延打了个电话。我说："我再也受不了这样的日子了。"打着打着，我竟然哭了出来。

尹延没说话，只是默默地听。过了一会儿，他只说了一句话："你有没有想过，卸掉作家那个身份？"

这回，换作我沉默了。

第二天，我起了床，没有情绪，没有抱怨。我明白生活还在继续，我依旧要寻找一个安静的地方给大家上课。

然后，我推掉了会议，自己买了张火车票，回到了北京。

## 2

生活的平衡并没有一个万能的公式，也没有什么方法和捷径拿来即可使用。

你只能一边前行，一边调整，在前行中平衡。

这并不是我第一次这么狼狈。这些年，因为有了互联网教育，老师得以从教室中解放。虽然老师可以去任何地方，对着电脑、手机给学生上课，但如果你想要更多，就要付出更多。

这个道理到了哪儿都适用。

这些年我在许多地方上过课：同事家里、厕所里、马路边、咖啡厅包房里，还有一次在一家竞技游戏厅的角落，我一边上课，周围一边传来阵阵的"double kill，monster kill"的游戏声。

学生说我很辛苦，但我不这么认为，我知道，既然选择了远方，就必然要在路上，路上有风雨，需要自己掂量。

如果你想要更多，就势必要用青春和热血，调整失衡的生活。我想把课上好，我也想成为一个能靠文字谋生的人，所以，我一定会付出更多。

生活的平衡，并不是谁告诉你的，而是自己找出来的。

我记得在上大学时，一位老师在课上说："如果一个人有百分之五十的把握能把一件事做成功，那么他就应该先做，而不是先想，然后在做的过程中，再去调整自己的方向。"

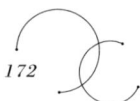

## 3

我认识一位有两个孩子的妈妈，她同时还是一家 C 轮融资公司的首席执行官。那天我在网上看到一个媒体在采访她，问："你是怎样平衡生活和工作的？"

她说："我不知道。"

下面的评论都在骂她，说她装，很多人也都以为她不愿意分享。我猜，她说不知道是因为她从来没有总结过，也没空总结，所以更不知道应该怎么说。

我记得她跟我说过，有一天，她刚准备出门，忽然孩子发烧了，可是，那天是周一，要开晨会，确认本周的公司计划。于是，她立刻给副手打了个电话，说孩子发烧，麻烦帮她顶一下，把会议内容抄送给她就好。接下来，她飞快地到了医院，把孩子安顿好，然后给保姆打了个电话，等保姆到了医院，自己再跑回公司。下了班，她又回到医院，接孩子回家。

所以，你问她怎么平衡家庭和生活，她什么也不会说，因为没有一个简单的概念与公式，可以囊括这么复杂的人生。

## 4

后来，我慢慢明白了，总问怎么平衡的人，仅仅是因为他们不愿意做点什么，他们希望先找到一个万能的公式，先有一个可控的模板，再去毫无风险地做点什么。

但真正的生活并不是这样的。

生活是你必须先做点什么，然后一边做，一边思考，一边调整，再一边做。

生活，是在高速公路上一边行驶，一边做决定向左转还是向右转。生活惊险刺激，生活来之不易。

## 5

热力学中有个概念，叫"熵"。所谓熵，就是混乱程度。

人的存在就是一种增熵的过程，也就是说，一个人活在世界上，就是在不停地增加周边的混乱程度。

但久而久之，我开始明白，混乱不怕，怕的是任凭它混乱、不自控、不自律，还不自知。所有的平衡，都是长期自控、自律和自知的结果。

　　我曾经在《人设》里写过："平静的湖面下，往往都是暗流涌动，但只有多股暗流才能相互制衡，最终产生平静的湖面。"

　　只是在生活里，你需要自己去制造这些暗流。东边的力量大了，你要在生活里寻找一个来自西边的力量；南边的力量大了，你需要从北边借到一股力量。

　　如果说平衡生活有什么法宝，我想只有这么一句话："任何事情，先去做，然后再在路上去寻找平衡。"

　　生活其实没有什么平衡法则，但所有的法则都在动态的生活里，这听起来很玄，但这是真理。

# 恐惧是成长最大的敌人

## 1

我一直很喜欢一部电影，叫《三傻大闹宝莱坞》，这是我在课上经常推荐的影片。这部简单又励志的电影，给了一代人无限的启迪。

如果要说我在三十岁前印象最深刻的三部电影，那么它们分别是《肖申克的救赎》《楚门的世界》还有《三傻大闹宝莱坞》。

我曾在课上说过，比起人见人爱的阿米尔·汗饰演的兰乔，沙曼·乔希饰演的拉朱更值得人去思考。

拉朱在影片里的特点就是恐惧，他对生活充满恐惧，他害怕未来，害怕现在，害怕一切：他遇到什么事情都要求神拜佛，考试之前要拜

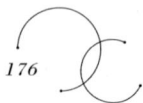

眼镜蛇，找工作前要点香。他的整个生命都被恐惧所笼罩，他故步自封，每当困难出现时，就退缩，退到自己的安全区。于是，他什么也做不成。

当他父亲病重时，他想的不是如何把父亲送到医院，不是打破思维的墙，冲出枷锁，相反，他想的是，如果用摩托车送父亲去医院，出交通事故怎么办，如果没有救护车，父亲在中途死了怎么办。

恐惧成了他人生路上最大的障碍，这个障碍阻挡了他的青春。

兰乔对拉朱说："如果你害怕今天，怎么可能过得好明天？"

但拉朱并没有听进去。在期中考试里，拉朱还是考了最后一名，他害怕没有公司雇用自己，害怕因为家庭贫困而遭到所有人的白眼，于是，他选择了跳楼。

可是，在跳楼的那一刻，他倒是没有了恐惧。好在楼不太高，他只是摔断了腿，很快就治好了。但没想到的是，他自此变了一个人。他找到了工作，露出了微笑。

我在课上问了许多同学，让他们猜原因是什么。

他们给出的答案五花八门。

其实，拉朱露出笑容的原因很简单：在跳楼的那一刻，他的恐惧消失了。

他跳楼以后发现自己没死，忽然悟出了这个道理：恐惧是成长路上最大的障碍，而接触了恐惧后，恐惧也就消失了。

"我只有在摔断腿以后，才能真正地站起来。"

这是他留给恐惧的最后一句话。

## 2

在我们身边，有很多人都生活在恐惧中。因为害怕失败，所以从不尝试；因为害怕失去，所以从不追求；因为害怕难受，所以总待在舒适区。但这样换来的，其实是更大的损失。

恐惧不会让一个人获得自己想要的一切，消除恐惧才会。

2012 年，我的一个发小来到了北京，住在了我家。

他说："等找到工作，我就搬走。"

一连几个月，他都没有什么动静，就住在我家，打着"三国杀"，玩着"斗地主"。

我问他："你为什么不去找工作？"

他说："我的简历还没做好。"

我给了他许多模板，但他依旧没有动静。

我在一次次的追问下才明白，他之所以不做简历，是因为不敢做，大学四年他什么也没干，没有一技之长，连四六级都没过，简历空白。他害怕被拒绝，所以不敢投简历。

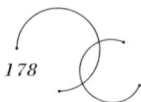

我说："如果因为害怕被拒绝就什么也不做，那还不如干脆回家接受家长的安排算了。恐惧只会让你什么也没有。"

又过了几天，他还是没有变化。

我催了他几次，说："试试吧，运气不一定会这么差。"

一周后，他竟然收拾起行囊，准备回老家。临走前，他一边玩着游戏，一边说："我就算投简历，也肯定会被拒绝的，算了算了。"那言语，透着对世界的恐惧，透着对未来的害怕。

他来我家打了几个月游戏，最终还是离开北京，回老家了。

一年前，他在老家结婚，我才知道他的工作是父母安排的，妻子是父母介绍的，生活是父母计划的。直到今天，他还是什么都不敢追求，因为他害怕失败，所以他一无所有。

在婚礼上，他连司仪对他的调侃都不敢回嘴，他还是那么内向，给每个人都发红包，直到今天，他还是对一切新鲜事物充满着恐惧。这么多年，他还是那样，温顺着、适应着、胆小着。

我为这位朋友感到可惜。

可是，看看身边，有多少人因为害怕不做选择，或者做出了让人难以理解的选择。

我的一位学生曾经在网上订阅了三十几个专栏，花了快一万块钱。有一天，他问我，要不要报一门商学院的课。

我说："你是学导演的，为什么要报商学院的课？"

我以为他要告诉我："导演也要懂资本，导演也要明白经济学啊。"

结果他告诉我："因为大家都在学，不学我就落后了。"

我愣在了原地。因为，这句话背后的意思很简单：因为大家都在学，如果我不学，我害怕我落后了。

看，又是害怕。

一个人若总是害怕落后，又怎么可能学得好？一个人若总是恐惧，又怎么可能拥有美好的未来？

这些年，我遇到过很多考研、出国、过级的学生，我的总结是，但凡抱着"如果我这次不过，我就……"的想法，那么往往很难通过考试，因为"要是……我就……"这句话的背后，是恐惧。

那些到了大四下学期还没有通过四六级考试的学生，往往会被恐惧支配，最后考得一塌糊涂。相反，那些没有被恐惧支配，心里只希望多学点东西的同学，最后都考了个好成绩。

学习是一个过程，过程对了，结果不会差。而恐惧会影响过程，所以，它是成长最大的敌人。

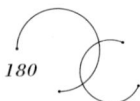

## <u>3</u>

恐惧并不是坏事，这是人类在进化时，基因留给我们的能力。

美国的三位心理学家合写了一本书，名字很吓人，叫《怕死：人类行为的驱动力》。书里提到，人类对死亡的恐惧，是人类行动根本的驱动力。

因为害怕是人类的本能。

有一次，姐姐带饭团儿出去玩，那时饭团儿还不到一岁，只会爬。姐姐把他放在酒店的床上，他爬到床边，就停住了。那时我就明白，恐惧是人类的本能，它在我们的基因里。

可是，如果被本能操控了，被本能牢牢地按在舒适区，那么势必不会有所突破。因为所有的高手，都是反本能的。

斯蒂芬·金在《肖申克的救赎》里写道："真正让我们不自由的，并不是监狱的围墙，而是我们自己的本能和习惯。"

人爱吃是一种本能，健身达人反了爱吃的本能；人爱玩是一种本能，高考状元反了爱玩的本能；人恐惧是一种本能，生活的高手反了恐惧的本能。

所以，他们打破了舒适区，开拓了更大的版图，拥有了更大的世界。

在二十多岁的时候，明白这个道理，很重要。

## 4

长期处在恐惧中的人不仅不会得到提高，反而会被伤害。

许多恐惧都源于童年，我想起了三毛的一个故事：三毛在上中学的时候，语文特别好，数学很差。于是，她就想了一个办法，把所有的数学题都死记硬背下来，结果数学考试的分数一下子提高了很多。

那个时候的数学题也不多，这种方法完全行得通。可她的数学老师不相信她的成绩能一下子提高这么多，觉得她是在作弊，就给三毛出了一张从来没讲过的高年级的试卷，结果，她得了零分。那时的老师往往不用培训就可以上岗，得意的老师就在三毛的眼睛周围涂了两个圆圈，还带着她去操场走了一圈，引来无数师生围观。

这给三毛带来了巨大的伤害，她从此一蹶不振，休学在家，对学校产生了深深的恐惧。也就是从那时起，三毛走进了与世隔绝的文学世界，开始了她孤独的流浪人生。后来，三毛的家人在回忆时都觉得，她的自杀和这件事给她留下的阴影有很大的关系。

当一个孩子长期习惯生活在恐惧里时，他越长大，也就越孤单。

我读过一本书，叫《走出恐惧》，书里提到，其实走出恐惧不难：首先你需要辨识，辨识这个恐惧是不是使自己受到了情绪化的影响；然后深潜，去寻找记忆里自己曾经受伤的经历；接着去接受，去学会和这些负面经历相处；最后去冒险，去勇敢地从不断循环的行为中走出来。

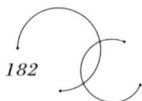

而这些年，我有了一个更好的方法，就是让这种恐惧融入你的身体，接受它、感知它，并战胜它。

2011 年，我决定从军校退学，那时最大的恐惧就源于失去了稳定的生活和看得见的未来。记得一天晚上，我让这种恐惧沁透我的身体，我告诉自己："就算什么也没有，大不了大器晚成。"

恐惧再次找我对话："那如果你一辈子也成不了呢？"

我让恐惧沁入身体，我继续告诉自己："那我就保证身体健康、心态美好，活到一百岁。"

"大不了……"是一种很有意思的思维模式，当你开始接触恐惧，沁入恐惧时，恐惧反而会消失。电影里经常能听到"大不了一死"这样的话，当主人公说完这句话时，他往往就不害怕了，也往往就死了。

但生活不是戏剧，你的拼命和付出，会打败恐惧，而这些努力，并不会夺走你的生命。

我很幸运，在三十岁前，我逐渐学会了这样的表达："无论成不成，试一试吧，大不了……"

当你开始这么说话时，恐惧也就烟消云散了，因为当代价被理性预估时，恐惧就会荡然无存。

我曾听过一个很有趣的故事：一个盲人走到一座桥上，但他看不见那是桥，于是一脚踏空。好在盲人反应机敏，一下子用双手抓住了桥的栏杆，一直吊在那儿。这时候旁边有人经过，告诉他："你下来，没事的，你的下面就是地面。"但这个盲人就是牢牢抓住那个栏杆，死活不松手。撑了半个时辰，他终于撑不住了，手一滑，这时才发现自己的脚尖几乎要触到地面了，一下子就安稳地站在了地上。而且，那是一座旱桥，下面没水。

还有一个故事是这么说的：一个人溺水了，扑腾了半天，恐惧支配了他所有的能力，他忘记了自己曾经学过游泳。忽然，岸边好像传来一个声音："别怕，冷静。"他冷静了下来，让恐惧沁入他的身体。忽然，他站了起来，发现水只到他的膝盖。而岸边没有人，这个声音，来自他的内心。

## 5

我经常鼓励我的学生去经历、去体验、去突破、去探索未知。

有些学生对我说："龙哥，去那么远，不会有危险吗？"

当然会，但你要学会接受恐惧，要学会控制风险，这是你成长路上的功课。

我今年快三十岁了，但我很幸运，在二十多岁的时候，做了很多战胜恐惧的事：我从军校退学，拥抱了未知；我从事过很多行业，

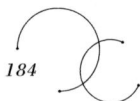

接受了未知；我一个人去斯里兰卡蹦极，一个人去尼泊尔玩滑翔伞，拥抱了恐惧；我从北京到成都，一无所有地在山里住过几天，懂得了成长……

要说后悔，我也有过。直到今天，我还记得那天在地铁里遇到过一个很漂亮的女孩子，我很后悔自己当时因为害怕，没有走过去要她的微信号，但现在已经晚了，我再也见不到她了。

我的好朋友厦门大学的邹振东老师说过一句话："人生一百次谨小慎微，你要有一次拍案而起；人生一百次放浪形骸，你要认真爱一次；人生一百次不越雷池一步，你也要潇洒走一回。"

这句话，也送给读到这里的每一位——三十岁前的你、三十岁时的你和永远年轻的你。

# 人到中年，更应该自律

## 1

我听到过一个说法，为什么人到中年会发胖，那是因为在社会的现有体系下，当一个男人开始有了一定的社会资源、结了婚、当了父亲时，社会会立刻对他的欲望进行打压、限制，而食欲是唯一不受控制的欲望。

于是，人到中年，男人的肚子开始变大，走路的姿态开始变得傲慢，跟年轻人说话时开始变得高高在上，不注意保养身体，一喝酒就刹不住——一个油腻的中年男人，诞生了。

这些年，我最讨厌参加婚礼，一是每次参加婚礼都像被开罚单，

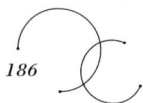

二是在婚礼上，总能看到一些一年见不到几次面的长辈在喝多后教育新郎、新娘。

那些话，我听不懂，也不愿意听。

如果说，人类在没有互联网时，只能靠长辈把知识口口相传给晚辈，那么在信息开放后的今天，知识应该是互相传递的。

而一个不学习的长辈，他所有的教诲，都显得油腻。

## 2

在我快到三十岁时，一个警钟就敲响了：可以人到中年，但永远不要油腻。

这说起来简单，但做起来很难。

首先，当你面对年轻人时，需要谦虚、少言。年轻人尊重你不是因为你年纪大，而是因为你值得尊重，你有能力和专长值得别人的尊重。你要记住：三年学说话，终身学闭嘴。

其次，你要明白，身体是革命的本钱，身材是你对生活的态度。哪怕没有八块腹肌，至少别发胖，要多运动，不要沉迷于酒精和烟。别让生活失控，这样才能有更多可能。

我并不同意人到中年，食欲是唯一不被限制的欲望，这把中年描述得太惨了。人到三十岁时，应该还有一个更重要的欲望可以时时刻刻被满足，这个欲望叫"求知欲"。但人越往中年走，越会觉得自己什么都知道，别人什么都不知道。其实，这是一个错觉，而我们对这个世界的了解少得可怜。只有承认自己的无知，才会低下头，虚心向别人学习，从而变成一个更好的人。

最后，你要明白，人外有人，天外有天，明白自己并不是无所不知、无所不能，明白学习不分年纪大小，学习是终身的，这样才能满足求知欲。

只有这样，你才能拍着胸脯，告诉自己："三十岁，才刚刚开始。"

## 3

前段时间，我参加了我发小猴子的婚礼，如我所料：在婚礼上喝多失控的，全是中年人。

他们说着一些乱七八糟的话，还有一些人跳着舞、唱着歌，完全没有注意，新郎和新娘已经离场了。他们就在桌上不停地喝着，有时候还在寻找"猎物"，陪他们喝。

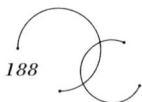

　　我凑了过去仔细听，发现有趣的事情来了：他们表达的并不是对新郎、新娘的祝福，而是自己有多么不容易。

　　我依稀记得，每个人都会跑到新郎那边说这么一句话："你要好好对她！"说完，就开始讲自己的事情，自己的苦大仇深，自己的痛不欲生。

　　一遍又一遍，一回又一回。

　　其实，所有的表达，都是自我的陈述。

　　但明明是别人的大喜日子，为什么自己要把自己灌醉，还说着那么多关于自己的事情呢？

　　那天，我蹲在新郎、新娘身旁，听了听这些人的话，了解了这些人的痛苦：

　　有已经不爱自己丈夫的女人，却因为孩子不得不维持着婚姻；

　　有已经失业多年的男人，骗自己的家人在外很好；

　　有没想好就有了孩子的爹妈，只能靠酒精来麻痹现实的痛苦；

　　有上有老、下有小，中间只有自己在赚钱养家的男人；

　　有事业遇到瓶颈，家庭没有起色的女孩子……

　　其实，在每个阶段，人生都充满着痛苦。可只有人到中年时，才会自己拿起酒杯，一饮而尽。

　　这苦涩，都是别人带来的；这痛苦，都是社会给予的。所以兄弟，啥也别说了，喝吧；所以哥们儿，你好好对她。我只有看着你幸福，才能遗忘我的痛苦；我只有喝够了，才能忘掉痛楚；我只有喝大了，才能把一切都忘掉。

可是，这是真的吗？

<h1 style="text-align:center">4</h1>

西方人和中国人在喝酒的时候有一个不同之处：西方人是因为高兴，所以喝酒；中国人是因为痛苦，所以喝酒。

因此，有些酒是越喝越高兴，有些酒是越喝越痛苦。

而生活的痛苦，并不是酒精可以帮助你解决的。生活的痛苦，只有努力制造幸福，改变生活，才能解决。

要知道，人的痛苦并不是别人制造的，所有的痛苦，都来源于对现实生活的不满和自己欲望的失衡。人到中年，往往是能力和欲望不成正比，所以，与其达不到那个目的而感到痛苦，不如干脆喝上两杯，自暴自弃。

而酒精并不能解决问题，能解决问题的方式是：制造幸福、活在当下。

真正的幸福应该是这样：有人爱，有事做，有所期待。

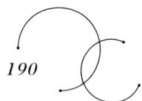

有人爱，你的灵魂有了依靠；有事做，你的时间有了价值；有所期待，你对未来充满希望。

这样的中年，才是有意义的。

我曾经写过："一个人只有越自律，才能越自由。你自律拥有了好的身材，你找对象的自由度就高了；你自律拥有了好成绩，你选择学校的自由度就高了。"

其实，到了中年也是一样的。你自律，不要被生活控制，你掌控生活的自由度就高了；你自律，不要被酒精控制，你掌控自己的能力就强了。

人到中年，更应该学会自律，只有这样，中年危机才不会这么快到来。

很多人认为自己的大脑和身体都不如年轻人了，其实并不是。我读过一本书，英国作家大卫·班布里基的《中年的意义》，书里用大量的科学证据表明，中年人其实正处在一生中大脑能力的黄金时期。不管是认知能力，还是心智发展，都正处于人生的最佳状态。

但到了三十岁，只有自律，不停地学习，满足求知欲，才能在事业上有更大的可能，收获更美、更温馨的家庭，以及更多朋友的陪伴。

这不是鸡汤，这是真实的故事。

人的年轻，是从内到外的。

## 5

我身边有很多这样的人，他们人到中年，依旧年轻着。

我的好朋友尹延老师就是这样。他年纪比我们大很多（他还不让说），但他的心态和我们一样——十八岁的追风少年。有一次，公司里来了一个满脸沧桑的中年男子，我差点开口叫了声叔叔，尹延瞪了我一眼，说，那是他的同班同学。

那天我才知道，青春是从内向外的呈现，而油腻是从外到内的表达。

这个家伙每天早上都跑步，每天一有空就读书。他能不年轻吗？

他的同学天天喝酒，每天抽烟，能不油腻吗？

而像尹延这样，一直在路上的人，又怎么可能让自己的生活失控，怎么可能在一个饭局上，去对年轻人的生活指手画脚呢？

## 6

人到中年还有一个问题，就是觉得这一切的不顺利，都是缘于别人的错误；却忘记了，许多痛苦的根源，就在自己身上。

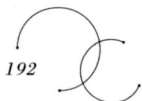

马克·曼森写过一本书，叫《重塑幸福：如何活成你想要的模样》，书里说，无论错在不在自己，都应该勇于承担责任。即使错不在自己，也要对自己的情绪负责，不要让负面情绪影响了自己的心情。

我曾经跟身边的朋友说，要远离那种什么事情都怪别人的人。

凡事要习惯从自己的身上找原因，因为你改变别人很难，而改变自己很简单。也只有这样，你才能更好地进步，知错能改，越来越好；只有这样，你才会到了任何时候，都朝着更好的方向飞翔。

一晃，我也快三十岁了。

在我快三十岁的时候，我又参加了一位朋友的婚礼。

那一天，我一滴酒也没喝。桌子上杯盘狼藉，躺在地上的，还是那些满口抱怨的中年人。他们一边用自己有限的人生经历教育着未来有着无限可能的年轻人，一边表达着生活的痛苦和自己的不易。

我默默告诉自己，永远不要活成这个模样，永远不要。

也希望你永远在路上，永远年轻，永远自律地过每一天。

## 生命是最好的奢侈品

前些日子，我在迪拜的街上，看到来来往往的行人，他们开着豪车，穿着奢侈的衣服，住着奢华的酒店。

我忽然想起了很多事情，想和你分享。

## 1

前一段时间，我的姐姐做了膝盖手术。

这些年，她的膝盖习惯性错位，一开始跑步时会摔倒，后来连走

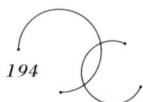

路都受到了影响。我起了个大早，在医院等她出来。几个小时后，医生把姐姐推了出来，我冲了过去问情况，医生笑了笑说，姐姐的肌肉很好，接下来会顺利康复的。

我送她回病房，厚重的石膏打在她的腿上，她靠在病床上，等待着疼痛来临。

隔壁床的小孩哇哇乱叫，仿佛疼得灵魂出窍。一旁的妈妈手足无措，不停地问我该怎么办。我怕麻药劲一过，姐姐会疼，就不停地和她讲话，分散她的注意力，时不时还讲几个笑话。

她看着我，让我少讲点笑话，震得她疼，说完又笑了起来。

几个小时后，我想最难的日子已经度过，我看她累了，于是起身告别，拍了拍她的脑袋，走出了病房。

在病房门口，我叹了口气，愣在那里，我看着往来的病人，竟然发现有许多都是年轻的脸。

不知从何时起，九零后也开始频繁进出医院。

不过，这没什么奇怪的，因为仔细一想，第一批九零后已经三十岁了，他们有些是陪同老人进医院，有些是自己进医院。

但不能否认，我们这一代人，终于，也要迈入上有老、下有小的中年阶段了。

想到这里，我忽然有些感伤。这无情的岁月，终于还是对我们这群人下手了。

人到中年有很多变化，其中最直接的变化，就是从跟医院频繁打交道开始的。

这些年，我一直认为，跟医院打交道，最能体现一个人所拥有的社会资源。在医疗资源极度稀缺的情况下，每个人都显得那么无力，但有些人，至少能相对体面一些，至少他们认识一些人，至少他们有一些积蓄。

从医院往外走的时候，我戴上了口罩，把耳机里的音乐声调到了最大。我看着那些坐着轮椅的人，那些在病床上的人，那些被搀扶的人，那些面露苦色的人，那些焦急无奈的人，那些到了生命末期的人……

我的步子开始越来越重，走到医院门口时，我开始猛烈地咳嗽，走出医院时，我忽然在一旁呕吐了起来。

我心想，这世界上有多少人的一生，在医院开始，在医院结束。

而人这一生只有短短几十年，如果我们每天都这样提醒自己，会不会活得更洒脱一些？

忽然，我的脑海里浮现出一句话："生命才是最好的奢侈品。"

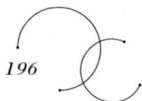

## 2

人到中年，就是一个身体和精神状态逐渐衰落的过程。

有时候，你什么都可以不信，但你不能不信因果。

一个人在二十多岁时，爱不爱健身，愿不愿意锻炼，在三十岁时就能看出来；一个人在二十多岁时，是不是足够努力工作，在看病时也能看出来。

三十岁的时候，无论在哪个领域，都存在两批人：一批人有点存款，另一批人还在加班；一批人身体健康，另一批人整天去医院。

在回家的路上，我突发奇想，骑自行车回家吧。二十多公里的路，我决定骑完，刚好，可以看看这座好久没有这么清新过的城市。

我骑着骑着，就到了下班高峰期，看着形形色色的人，许多故事再次浮现在了眼前。

八年前，我刚来北京三年，那年，我二十二岁，买了第一辆电动自行车。

有一天晚上，我刚下课，骑着车在人民大学西门附近晃悠，想向人们展示这件代步工具。忽然，有一辆摩托车撞到了我的后座上，我被弹了出去，飞了好几米远才落了地。

好在我反应快，用右手狠狠地撑住了地面，我捡起被撞掉的眼镜，看见一个韩国人从摩托车上焦急地下来，一口一个蹩脚的"对不起"。

我被一个大爷扶了起来，我骂了两句脏话，放他走了。

到了晚上，我的手臂开始疼，疼到我都睡不着了。

第二天，我的手臂已经抬不起来了。

我对公司的同事说，自己拿不起麦克风，同事让我换只手。

于是，我用左手拿着麦克风，忍着疼痛上了五个小时的课。到了下午，我实在疼到无法集中精力，于是一个人去了北京大学第三医院，挂号、拍片。

果然，骨裂了。我休息了三个月。

我已经有些忘记当时在医院的感觉了，但翻阅那天写的日记，那一页，只有一句话："我再也不想一个人挂号看病。"

那种感觉太痛苦了。

后来，我开始每天锻炼身体，开始交朋友，开始赚钱。

的确，那是我最后一次一个人挂号。

一个人在异乡，最怕的就是进医院独自挂号，那过程太漫长了，充满着痛苦和凄凉。在一个什么人都不认识的城市里，除了面对别人的冷漠，还要忍着自己的病痛。如果你经历过这样的事情，请记住我的话："永远不要让这一幕重演。"

从那以后，我开始刻意地认识一些医院的朋友，开始努力赚钱，我不是为了拥有什么特权，仅仅是为了今后身边的人再去挂号，我能尽自己的力，不让这一幕重演，不让这种孤单再来。

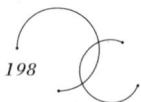

我们受过的苦，就别让身边的人再受了。

生命啊，才是最好的奢侈品。

## 3

我是越到了三十岁，越发觉有些资源本来就是稀缺的，比如，医疗资源、教育资源。

所以，在二十多岁时，如果有可能，请一定要多积累一些相关的人脉、知识和财富。这样，至少不会在到了三十岁时，莫名地紧张与被动。

我曾被人问过这样一个问题："如果我就是一点社会资源都没有，我是不是就没什么活头了？"

我说："首先，现在没有，不代表以后也没有，现在就应该学会改变，而不是什么都没有，还那么理直气壮；其次，如果觉得自己没什么活头了，那就多去各大医院的门口看一看，看看那些没有病床的病人，看看那些面无表情的人，看看那些希望活下来的人，你就会知道，生命是这一生最好的恩赐。"

我曾经看到过一句话："当你不想奋斗时，去这三个地方看看：

医院、机场和火车站。"

这些地方人山人海，这些地方的人有三六九等，你会瞬间感觉到人和人的区别，也会感觉到生命是如此伟大。

其实，三十岁是每个人的一个坎，但这个坎是否好过，取决于你如何度过自己二十多岁的每一天。

是否好过最直接的表现是，到医院时，你是否可以从容。

## 4

这些年，我一直很喜欢一部电影，叫《遗愿清单》。

电影提出了一个问题："倘若今天是你人生中的最后一天，你还有什么梦想没有实现，还有什么事情后悔没有去做，还有什么事情一直在等？"

于是，每当我遇到厌世的人时，我都会建议他看一遍这部影片。

事实上，每一天，都有可能是我们人生中的最后一天，因为我们无法预测未来的一切，无法确定明天是不是会到来。

如果你愿意这么想，那么每一天、每一口气、每一滴水，都会充满感恩和珍惜。

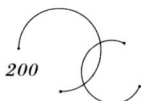

　　我经常会这么想，所以我会拼尽全力过每一天。

　　我也经常想，如果我努力了，还是赶不上那些牛人，那也没关系，至少要做到身体健康、心情愉快，比他们多活两年。

　　人到头来，什么奢侈品也带不走。

　　生命，才是最好的奢侈品，而你值得最好的一切。

# 爸妈来北京参加我的新书发布会了

## 1

在我二十九岁生日前，爸妈来参加我的新书《人设》的发布会了。

那天，我请到了肖央。

爸爸一直很喜欢他，来北京前夜，爸爸发了条朋友圈，说："我去北京跟肖央一起跳《小苹果》。"

我回了一句："您真是我亲爸。"

发布会很成功，除了妙语连珠的演讲，还有一些很有趣的互动，就像是一个温暖的聚会，有新朋友也有老朋友，在这座城市里，大家的相聚显得格外温暖。

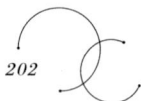

这些年，李尚龙的新书发布会在圈子里就等于品质的保证。举办一场发布会常常光是租场地，就要花费几万块钱，每一场发布会几乎都有重量级嘉宾站台，输出大量的新观点，其间笑声不断，新知不停。重要的是，从来不向读者收费，所以总是一票难求。

这次的发布会也是一样，人山人海，令大家十分难忘。但是在此之前，并不都是这样的。

发布会结束后，我订了一家餐厅，姐姐带着饭团儿陪我和爸妈一起，吃了一顿饭。

我提议点一瓶红酒。

爸爸从来不喝酒，但也点了点头，说："今天陪儿子喝一杯。"说着，就倒了满满的一杯。

爸爸说他很高兴，因为看到我这些年的进步，他心里很踏实。可他就表扬了我一句，接下来又开始不停地批评我、警醒我：什么样的东西千万别碰，什么样的人一定要远离，少说话、多做事，什么样的场合能不去就别去云云。

妈妈在一旁应和着，时不时把饭团儿抱在腿上逗他玩。

我喝得云里雾里，干完了杯中的酒，看着北京的夜空，忽然问爸妈："你们退休后，会不会来北京啊？"

爸爸很骄傲地说："我们才不会呢，我们有自己的生活。"

妈妈说："就是，来看看你们就好，留在北京就算了。"

姐姐问："为什么？"

妈妈说："我们一来，你们压力不就又大了吗？只要你们开心就好。让你弟弟多写几本书，我们也好多来北京看看你们。"

说完，我的眼睛红了。

## 2

我的第一本书，叫《你只是看起来很努力》。

那家出版社没有预算，说要不就算了，别做发布会了。我说，不行，既然出了一本书，必须要有仪式感，发布会要做，嘉宾要请，这个费用我来出。

就这样，我出了所有的费用，请了尹延老师、石雷鹏老师站台。我出了不少钱，也请了很多人，仅仅为了办一场发布会。

那一场发布会是在798艺术区的一个空间里完成的，一晃已是四年，那时爸爸妈妈给认识的所有在北京的朋友打电话，说希望他们来给儿子捧场。朋友们以为是婚礼，后来一听，不就是出了本书吗，现在自费出书的人多了，他们才不去呢。

果然，来的人寥寥无几，但好在，我准备得不错，讲得也挺好。

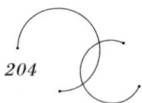

直到今天，对于这场发布会我记忆犹新。在演讲前，我对着墙把演讲稿讲了一百遍，确保背下了每个字，才上台。

这些年当老师，我自豪的是，自己从不怕在公开场合演讲，但那时看到爸妈坐在底下，听我讲那些我讲过一百多遍的故事，跟着陌生人一起笑，我还是有些紧张。

结束了北京的发布会后，我对爸妈说："我想要去更远的地方，给更多人做分享。"

父亲告诉我："要不就别做，要做无论多难都要坚持。"

第一年的签售会很尴尬，没有人认识我，也没有什么人读我的书，出版社也不给预算。于是，我对助理说："我们自己解决。"

我们住过三十块钱一天的旅馆，住过肯德基，在一家酒吧门口睡到天亮，但是第二天还是拍拍身上的泥土走进学校、去书店，做演讲，分享书里的故事。我们一天吃一顿包子，喝最烈的"夺命大乌苏"，见一群群不认识的人，就这样坚持了一年。

我从来都不怕辛苦，那段日子，我一边上课，一边签售，一边写作，一边做演讲。谁让我去哪儿我都去，只要他给我一个机会。

还记得那是 2016 年的一个下午，编辑对我说："龙哥，朝阳公园有个书展，明天早上，你去不去？"

我说："去。但是，早上谁会来？还不是节假日的早上。"

编辑说："这是个机会，你到底去不去？"

我想都没想，说："去。"

第二天早上，我到了朝阳公园，台下坐着十多个老头和老太太，拿着拐杖，遛着鸟，还有一位手里攥着两颗核桃，而我演讲的题目是《你所谓的稳定，不过是在浪费生命》。

我心想，这些老人都过了一辈子了，还浪费什么生命啊。

我咬紧后槽牙，还是讲完了。

直到今天，我已经忘记当初讲了什么内容，但我记得，有位老大爷买了一本我的书，说："小伙子，你讲得很好，我准备买一本送给我孙子，希望他跟你一样优秀。"

我眼睛都红了，对老大爷说："大爷您破费了。我再自费送您一本。"

就这样，那天，我卖出了两本书，有一本，还是我自己买的。

编辑后来跟我开玩笑，说："十多位老人，你卖出去两本，购买率接近百分之二十，很高了。"

我说："那可不，才华。"


<u>3</u>


在二十多岁的日子里，我特别感谢自己的坚韧不拔。我没有什么

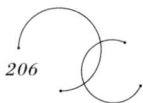

大智慧，只有一个优点，就是坚持，就是从来不停下前进的脚步。

随着我去过的城市越来越多，坚持的时间越来越长，有段日子，我忽然发现，来我签售会的人，开始变多了。

他们有些拿着书，有些拿着信，有些带着话，有些带着泪。我知道他们并不是崇拜我，而是在我身上学到了那种坚韧不拔的个性，这些东西，他们也能用在自己的生活中让自己变成更好的自己。

我在签售会上，听到过很多故事，那些眼泪，至今都历历在目。

我不敢在夜深人静的时候写下这些片段，因为每个人都有一个属于自己的悲惨世界。但好在，我们都在坚持的路上，看到了曙光。

而我的文字，在那段日子里，似乎给予了他们力量。这些力量，穿越到远方，从我的书桌，来到了他们的课桌，从我的心房，来到了他们的心脏。

我在他们的书上写下祝福，就像当年我在一无所有时鼓励自己一样。

## 4

一晃，我在这条路上已经走了四年了。一般情况下，作家写完字，就结束了自己的旅程，要开始一段新的故事。

而对我来说，写完故事，交了稿，一切才刚刚开始。

这些年，我一直想多去外面看看，看看那些读书人是什么模样，我想听听那些看我书的人是怎么说的。于是，虽然没有合同的限制，但我经常主动要求去跑跑签售，见见远方的读者。

我的创作很主动，从来没有编辑催我交稿，我没事时就在写作、读书。因为只要我创作出作品，就又多了个理由，让爸妈来北京，让自己去见那些久违的朋友。

其实签售的时候，每天都很累，从一座城市到另一座城市，只停留一天，我几乎都是在高铁、飞机上睡觉的。

但只要看到读者的微笑，我就总会觉得这些都是值得的。

在我二十九岁生日那天，老妈对我说："我们也就是借着看你发布会的名义，来看看饭团儿。你多写，只有这样，我们才有机会来北京。"然后，又笑笑说："反正我也不看书。"

后来爸爸告诉我，我才知道，每次妈妈都戴着老花镜看我的书，一个字一个字地阅读，只为了在方便的时候，给我提提意见。但她从来不说，因为她知道，我已经不是当年的自己了，对于我走的路，他们已经无能为力了。

一晃，这么多年过去，我快三十岁了。而饭团儿也已经会走了，快两岁了。再过一段时间，或许他就会说话了。

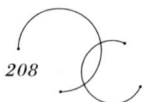

我真的好希望他快点长大，能看懂我的作品，能跟我聊天，我能教他追女生，能教他读书认字；但我又不希望他长大，因为他长大了，爸妈就老了，而我们也要迈入中年。

时光啊，就是这么矛盾，温柔而残忍。

但生活还要继续，我们还要坚强。

## 5

北京的签售会结束后，父亲给我做了一碗藕汤，我一边吃，一边和父亲聊天。

我想起小的时候，我和姐姐也是坐在桌子上喝着藕汤和父亲聊天，不同的是，原来是他说我听，现在是我说他听。

他笑得点头，不停地问我："藕汤好不好喝？"

我说："还是家的味道。"

父亲说："看到你瘦下来，我很高兴，说明你开始运动了。"

母亲说："再少熬点夜会更好。"

其实，我和父母相处的日子并不多，我成天在外忙碌，而人越长大，越会明白这么一个道理：你必须要和家人说再见，和熟悉的事物渐行渐远，这就是成长，你要跟过去割裂，看到更远、更大、更新的世界。

每次出完一本书，总会有人说："李尚龙，你真高产啊。"

我不以为然。

第一，我只是比别人更努力，我时刻都在创作；第二，我只是从来不通过写自媒体文章赚快钱，我把全部精力都投入在了创作中。

最重要的是，我只要还能出作品，就能找个理由让家人团聚，就能找个理由让这么多年不聚的朋友相逢，就能找个理由和我的读者见面。

对我而言，这些，比出书本身的意义更大。

我经常会看到，许多读者在第一次见我时，处在人生的低谷；第二次见我时，考到了某所学校，送给我一件那所学校的 T 恤衫。我也经常会看到，曾经愁容满面的同学，现在成了别人的妻子，抱着孩子对我说谢谢。

我们都在时光的长河下，变成了最好的模样。

所以，我是不会停歇的，无论那些人说什么，无论那些人怎么看。

我们活的是自己的一生，自己坚韧不拔的一生。

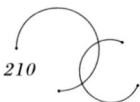

## <u>6</u>

　　我经常会感谢这个时代，它能让我的光照亮身边看不见的地方，能让我的热传递到更远的地方。

　　也谢谢你们，和我一起，一直在路上。

　　我会继续写作，期待下次和你相见。

Chapter **Five**
第五章

三十岁
**故事**

三十岁，一切刚刚开始

# 我请你吃顿饭吧

<u>1</u>

在哈尔滨做活动时，我接到了大林的一个电话，她说："龙哥，我请你吃饭吧。"

我说："你一个小姑娘，还在读书，请我吃什么饭？直接给我打钱吧。"

她说："求求你了，让我请你吃顿饭！欠了你好久了。"

我看了看表，也到了吃饭的时间。

我说："好吧。那这样，你订个位置，我请你吃饭。"

她订了个餐厅。我们见了面，她还是那个小个头，但是特别能吃。

吃完饭，我对助理说："去把单买了。"

助理走到前台，刚准备刷微信，前台就说："先生您好，您的单已经买过了。"

"谁买的？"

"那个小姑娘。"

我瞪着她，她笑嘻嘻地说："这是我打工赚的钱。"


## 2


大林应该管我叫舅舅，虽然她只比我小几岁。

我对中国的亲戚之间的这种称呼充满着疑惑。所以大林一开始叫我舅舅时，我立刻纠正她："叫龙哥就好，别瞎叫。"

她说："我没瞎叫。"

她的家在河南省信阳市的光山县——我父亲出生的地方，父母都是农民。

那是一个很穷的地方，前些年，是中国的贫困县，但有着特别高的政府大楼。这种反差，令人觉得奇怪。

大林也是在那儿出生的。

我的表姐在当地的一所中学当老师。大林读高中的时候，每天来

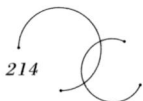

得最早，帮她和其他老师发作业；走得最晚，帮同学打扫卫生。大林的眼里有活，只要看到教室里有一点废纸，她就捡起来放进口袋，然后走出教室，扔到垃圾桶里。

有一天，表姐问她："为什么每天回家这么晚？"

她说："因为家里不太适合学习，想在学校多学一会儿。"

表姐问她："吃了没？"

她说："还没来得及吃。"

表姐说："那来我家吃饭吧。"

那是大林第一次去表姐家吃饭，她吃了个底朝天，吃完赶紧收拾碗筷，把桌子打扫得干干净净。

表姐觉得她很能干，两个人又特别聊得来，就收养了她，认她当干女儿。

就这样，白天她在学校学习，晚上去表姐家帮忙做饭。

这样的关系，保持了许多年。

直到高考的那一天。

## 3

从县城里考出去的孩子，都要经过十分艰苦的努力，因为那是一座独木桥，上面有着千军万马。

更何况，这里是人口大省——河南。

她进考场前，表姐告诉她："你是咱们班唯一能上一本的希望，但是要放轻松。"

她点点头，说："我尽力。"说完，就进了考场。

高考结束后，我回光山县看爷爷，表姐拉着大林见我，说："尚龙，大林考过线了。超过一本线五十多分。"

那是我第一次见到这个小姑娘，她开口就叫我舅舅，被我严厉禁止了。

我说："叫龙哥，我请你吃饭。"

这是第一次，我们在一家饭馆里吃饭。

我对大林说："如果可以，尽量去大城市，那里有更多的可能。"

大林问我："可是，在大城市里我谁也不认识啊。"

我说："你认识我啊。"

她说："我不敢去北京，那里离我干妈家太远了。"

表姐说："傻闺女，那里才有发展啊。"

我想了想，给父亲打了个电话，然后告诉大林："我的建议是，报考武汉大学，如果分数不够想保险一些，中国地质大学也行。上这两所学校，你在毕业后会非常有发展潜力。重要的是，离我家近。我父母可能会帮上忙。"

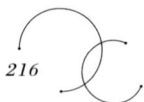

说完，我去把单买了。

大林笑着对我说："龙哥，以后等我赚钱了，我也要给你买单。"

我点点头，开玩笑地说："那我不还得等几十年？"

## 4

大林来到武汉的时候，刚好是我离开武汉去北京工作的时候，也是我姐姐在国外读书的时候。

家里没人照顾两位老人，所以，她隔三岔五就到我家来，帮我父亲做家务，陪我母亲聊天。只要我打电话回家，问爸妈身体如何，爸妈就总是告诉我，有大林在呢。每每听到此，我的心里就感到很踏实。

大林是个踏实的姑娘，无论到哪儿，眼里都有活，也都带着踏实。

所以，只要我回武汉，我就会请大林吃一顿饭，有时候是大鱼大肉，有时候是山珍海味。每次吃完，大林都笑嘻嘻地看着我，说："等我以后赚钱了，我也要买单。"有时候，她还会傻傻地帮别人打扫一下。

我一边制止，一边开玩笑地说："好。那我可要多活几年。"

她学的是英语专业。在大学里，她没有浪费时间，毕业那年，已经考完了英语专业四级和专业八级。我经常会给她列一些书单和要考的证书，这些书单和证书她一个也没落下。

这大学四年，值了。

她经常对我说："我在大学里好像什么也没干。"

我总笑着对她说："别瞎说了，你应该看看其他人都在干什么，就知道自己什么都干了。"

在这个时代里，许多学生所理解的上大学，无非是被大学"上"了。

其实大学四年，你并不需要做太多惊天地、泣鬼神的事情，你只需要过好每一天，把该学的技能学会了，该考的证书考完了，为自己负点责，多读几本书，多去上几次体育课，这四年，往往就不会白过。

现在的许多大学，更像一个收容所，把学生关在里面四年，学生出来后，还是什么也不会。

大林考完英语专业八级后，已经是大四的上学期了。

她确定了一件事：自己真的不喜欢英语。

于是，她决定考研。

## 5

大林先是报了一个班，接着，找到所有专业课的资料，一道题、

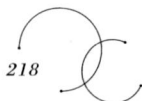

一道题地搞懂。

　　然后，她每天花十多个小时在图书馆里看书、做题、背单词，学累了，就回到家里，帮忙做点家务。

　　她说："备考时，做家务也是一种放松。"

　　当一个人全心全意投入一件事时，时间就会过得飞快，心理学把这种感觉叫心流。

　　半年后，大林进了考场。

　　又过了两个月，大林给我发了条信息："龙哥，我考上了哈尔滨工业大学的财务管理专业，我要去东北啦。"

　　我笑着回复她："怎么，这回不想家了？"

　　她说："读完研究生再回来嘛！"

　　人就是这么成长的。

　　就这样，我又请她吃了一顿饭，恭喜她考上了研究生。

　　后来，爸妈告诉我，她离开武汉的时候，还哭了，说从小到大，从来没有人对她这么好。爸爸对她说："那是因为你又勤快又好学啊，因为你好，所以你值得被更好地对待啊。"

　　其实生活就像一面镜子，你如何对它，它就会用同样的方式对你。

　　你的微笑，最终都是笑给自己看的，就如你的坚韧，最终也是为了自己的倔强。

## 6

之后，我们在哈尔滨相见了，她一边读研究生，一边兼职。

她偷偷地把单买了，还说，下次她还要请客。

我在中央大街的咖啡厅里，写下了这段文字，想起了这些年她给我讲过的故事、对我说的话、她一路的成长轨迹和一直欠我的饭……

我知道，这个故事不惊心动魄、不波涛汹涌、不跌宕起伏，没有青春电影那么激烈。

但，这是一个从农村来的姑娘，一点一点奋斗的青春。

而真正的努力，其实很简单，有时候，就是为了请别人吃顿饭。

这种努力，叫平静的努力。

而平静的努力，却能换来波涛汹涌的青春。

# 离别是为了更好地相见

## 1

这是他第三次离开家，背着行囊，去远方。

妈妈没有像前两次那样，给他装满包裹，临走前再给他包上一个烤红薯。她只把他送到火车站，默默地说了声："加油。"

他是我的学生，第一次离开家时，他哭得稀里哗啦，之后在北京为考试准备了一年，进考场后紧张到拉肚子，落榜了。第二年，他继续北上，母亲劝他留在家里，他拒绝了，一个人来到北京，找了份工作。

生活把他折磨得死去活来，他本想中途放弃，但咬咬牙，坚持到了年底。

年底，公司发了一笔不多的奖金，他买了票回家过年。回到家的他面无表情，年刚过，他就收拾起行囊，离开了家。

母亲的那声加油，是一声鼓励，也是一声问候。短短两个字，温暖而沧桑。

来到北京，我问他："这次，离开家时哭了吗？"

他说："没有，因为这次的离别，是为了更好地相见。"

我说："怎么讲？"

他说："下次回家，我会越来越好。"又说："我要给家里换一台电视机。"

多么简单的愿望，多么朴素的理想。

我忽然明白，离别是人生的功课，相逢是许多人的希望。相逢无数，不如重逢。但每次重逢时，只有变得更好，哪怕一点点，生活才更有意义。而我们，就是为了这个，才离开家，奔赴远方。

## 2

当老师的这些年，我听到过许多关于远行奋斗的故事，他们都是从家到了远方，一个人平静地奋斗，孤独地努力，有些人逐渐开始发光，

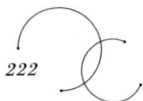

有些人还在泥泞中寻找芬芳。

几年前，我在网上写过："孤独是最好的升值期。"

这句话被我的朋友小樊写在了日记本上。每当夜深人静时，她总会一个人戴上耳机，有时候打开书，有时候拿起笔。工作累、学习苦，扛不住了，她就打开日记本，看看那句话："孤独是最好的升值期。"

深夜永远伴随着孤独。深夜袭来，孤独弥漫，但灯光下的自己，总是那么坚强。

有一次，小樊的耳机里忽然传出筷子兄弟的《父亲》，瞬间，她落了泪。她拿起电话，抖着手，拨通了远方的那台座机。

父亲接了电话，问："怎么了？"

她忍着眼泪，说："没事。我的狗还好吗？"

父亲笑了笑，说："狗很好，你好吗？"

她忽然笑了，说："狗怎么跟我比上了？"

寒暄了几句，她要挂掉电话，继续工作。

父亲的最后一句话，是这样的："扛不住了，就回家。"

她迅速挂掉了电话，泪流满面。她知道，家是自己最后的港湾。

一年之后，她成了公司的小组组长，工资翻了一倍，领导在提拔她时，只是简单地说了一个原因：她进步得很快。

但只有她自己知道那背后的汗水和眼泪，她无非是希望，能对自己的青春问心无愧。

当然，谁也不知道，谁也不关心，只有她自己知道，孤独是最好的升值期。

## 3

我想起自己第一次离开家，是在十年前。

第一年，生活就把我摧残得支离破碎，我低估了生活的残忍，高估了自己的坚韧。

我打电话给爸爸，说："我扛不住了。"

爸爸很简单地回复道："那能怎么办？"

慢慢地，我明白了，自己已经长大了，就算是父亲，也不会再像童年时那样，抱起坐在地上哭泣的我。因为，他根本看不见我正在哪里哭。

后来我明白，人终会长大，人总要离家，哭解决不了问题，哭着跑才重要。

你要奔跑，要努力，要飞翔，要破茧成蝶，要凤凰涅槃。

跑完再哭，那才是英雄该有的格调。

春节过后，又是一次离家浪潮。我知道，会有人在深夜流泪，每

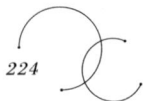

到这时，我都想把父亲说过的那句话送给他们："那能怎么办？"

何况，在路上的人，谁还没有在深夜痛哭过？

记住啊，哭过之后继续跑就好。

新的一年，请你不要停下前进的脚步。我们都知道奔跑时很累、很苦，但为什么还要跑，因为你只有跑，才能体会到休息时的爽，就像你只有吃了学习的苦，才能体会到生活的甜。

所有的孤独，都是为了更好地相聚。所有的离别，也是为了更好地相见。

愿离家的你，能变得更好，然后在新的一年里，更好地回家。

# 考砸了，生活也不会被毁掉

## 1

在去西安的路上，我挤进人群熙攘的火车站。

正逢端午假期，人多到让我感到麻木。我听着音乐，一点一点往前挪动。

忽然，我感觉背后的包被人打开了，我惊了一下，下意识地一巴掌朝着后面打了下来。这一巴掌，打到了后面那正在偷我钱包的妇女的手臂上，一个东西从她怀里脱落，径直奔向地面，我定睛一看，竟是个孩子。

我吓了一跳，立刻蹲在地上，伸出了双手。好在我反应快，要不

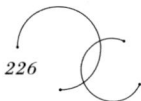

然这孩子，就被我打到地上了。

　　我冒出一身冷汗，瞪着那个女人，怒喊着："你他妈干吗？！"

　　那个女人这才反应过来，从我手上夺走孩子，喊着："你打我孩子。"

　　我刚准备解释，旁边一位穿着西装的男士看不下去了，说："都当妈了，还做这种事，要不要脸？"

　　那个女人恼羞成怒，喊着："要你管！"

　　我把包背在前面，立刻检查东西，钱包还在，我继续瞪着她，没说话。

　　她又嚷嚷了几句，抱着孩子，跑了。

　　我没有报警，因为我害怕把她抓了，孩子没人照顾。

　　到了候车室内，我打开手机，开始刷微博。

　　巧了，那天，是高考的第一天。

　　我愣在原地，看着熙攘的人群，他们接踵而至，他们的眼睛里充满归乡的喜悦，而我，想起那个差点掉在地上的孩子。

　　当他长大了，这个世界会怎样对待他？他能否脱离那个家庭？他能不能离开自己所在的环境？他有没有办法不要成为她母亲那样的人？他可能实现圈层的跃迁吗？如果有可能，具体应该怎么办呢？

　　前一段日子，我正在读日本作家三浦展的《下流社会：一个新社会阶层的出现》，我忽然想起书里的一句话："父母阶层较低的高中生，往往有较多的人自认为在学习之外能力较强。"

这孩子，会不会长大后，更容易学会偷盗？

在未来，等待他的，将会是什么？

在思考中，我的思绪穿越回了我高考的那一年。


## 2


我是在 2008 年参加高考的。

那年高考制度混乱，我们大院里几个考试成绩长期在三百分的人，他们的父母找关系，拿到了体育特长生的名额，最后考上了最好的学校。

我家里没有关系，父母从小告诉我，我只能靠自己。

但直到今天，我才知道父母的用心良苦。因为靠自己，永远是最靠谱的。那几个靠着父母进入大学的，挂科的挂科，重考的重考，又不得不再一次求助父母。

我们那一批，没有背景、没有关系，就是靠着努力学习参加高考，考到大城市，实现命运转变的人也不在少数。

的确，高考制度有很多问题，但从某种角度来说，这个考试很公平，因为就算取消了高考，也会有其他考试来代替它。当你无法改变一件

事情时，努力适应并爬到最高处也是一种能力。

出成绩那天，我们在座位上看着成绩单，老师在讲台上看着我们。

那天，几家欢喜，几家愁；几人欢笑，几人泪。

我清楚地记得，三个从农村来的同学拿到成绩单时的表情，他们的脸上，表露出了从未有过的希望。后来，他们跟我一起去了北京。

直到今天，也就是十年后，他们一个成了飞行员，一个在华为成了高级工程师，另一个出了国，在哈佛大学拿着全额奖学金读博士。

而他们的父母，你敢相信吗？他们曾经还面朝黄土背朝天，十年过后，他们都被接到了大城市里。

追溯到十年前，是高考，改变了他们的一生。

但是，有人欢喜，就有人愁。

高考是个分水岭，把一些人留在岸上，而另一些人，还在河里。

每年，都有学生因为高考失利跳楼自杀。我们那年也有。

我们隔壁学校有一个复读生，从二十层的高楼一落而下，失去了十九岁年轻的生命。

我曾经对比过美国教育和中国教育的不同，思考过为什么美国的高中生里很少有人自杀。原因是，无论是 SAT（俗称美国高考）还是托福、雅思，一年都可以考很多次，你考不过，下个月再来，你的机会足够多，只要过了线，你就可以上学。这样，一个孩子就不用孤注一掷，当一个孩子不用一年一年地孤注一掷时，他就不会痛不欲生，更不会轻生。

但我们国家的人口太多，资源有限。

我曾多次在演讲中提出，希望中国的高考制度可以改革，不要一考定终身，如果可以，要多给大家一些机会，别把这些青春的孩子弄得太绝望。

但，我还要说回来，无论高考制度有什么问题，这也不是一个人自杀的理由。

因为，生命是理想的载体，没了生命，什么理想都荡然无存。因为有血、有肉，所以有灵魂、有爱情。

生活中还有很多次考试，一次考试失利，千万记住：没有关系。你还有一腔热血，你还有热烈的青春，这些都能让你做梦，能让你有所成就，能让你远望，能让你遇见不一样的人生。

只要人在，总能逆风翻盘，谁也阻挡不了你去飞翔。

<u>3</u>

我想起 2008 年的那天，拿到成绩单时，有几位同学的脸色很难看，甚至充满着对未来的绝望。高考的失利，让他们觉得生活不再有

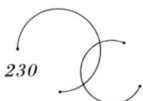

意义了。

这其中，就包括我的一位好朋友。我们拿到成绩单的那天，下了一场大雨，他偏不打伞，在雨里咆哮，制造出一种悲凉的感觉。结果大雨淋了他一个小时，第二天他也没发烧，自己给自己加的戏，没了剧情。而我因为陪着他，感冒了。

之后，他约我吃大排档，我在六月份穿着羽绒服陪他吃烤串，他说了一句我此生都忘不掉的话："考砸了，生活也不会被毁掉。"

他报考了一个当地的二本学校，选了一个一般的专业。但是，他的生活并没有被毁掉，他知道，高中结束了，大学才刚刚开始：竞争还在继续，生活还要持续，梦想还要延续，青春还有后续。

大一那年，他就过了大学英语四六级的考试。大二他参加各种竞赛、考各种证书。大三他参加托福和GRE（美国研究生入学考试），一次考不过，他就考两次；毕业后，他被加利福尼亚大学伯克利分校以全额奖学金录取。

现在，他在迪拜的一家驻外公司工作，一个月的工资有两万美金。（希望这位朋友看到我的文章时，记得赔偿我当年的医药费。）

前一段时间，我们组织高中同学会，我去得特别早，仔细了解了同学们的发展：

有些人高考成功，现在却混得很差；

有些人高考顺利，现在也不错；

§ 231

有些人高考失败，现在过得也不怎么样。

但他是例外，当年他高考失利，现在却活出了自己的模样。

那天，我们聊了几句，他就回去加班了。我想起在高考后、在那场大雨后，他对我说的那句话："考砸了，生活也不会被毁掉。"

因为人这一生，是要持续奋斗的，是要终身学习的，是要永远前进的，一次失败不算什么，持续奋斗、终身努力，才是自己的超级英雄。

请记住，一次考试，决定不了你的一生。

没有到不了的明天。就算你前一天晚上哭得痛不欲生，第二天这城市依旧车水马龙。

决定你一生的，是你看待自己的眼光，和是否有持续进步的决心。

# 4

回到之前讲的那个故事。

安妮特·拉鲁在《不平等的童年：阶级、种族与家庭生活》里提到，在美国，不同阶层的家庭会采用不同的教育逻辑，最后孩子们获得了不同的文化资本，这塑造了孩子们的未来。

我们改变不了自己的家庭，但能通过学习改变自己的未来。

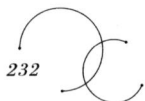

如果那个孩子长大了，大到能听懂我的话，大到开始明白自己的生活圈出了问题，大到想要做些改变，那么我想跟他说两句话：

"第一，请一定拼尽全力，准备考试，这是能让你打破现在恶性生活的怪圈的最佳方式；第二，就算考砸了，也别忘了终身学习，这个方式比最佳方式还要好。"

祝每个孩子都可以健康成长。

高考加油，生活更要努力啊。

# 写在中年危机前

## 1

深夜，朋友小西找我到楼下喝酒。

我一看表，已经一点多了。我刚做完当天的课件，于是穿上衣服下了楼。

他知道我没睡，因为每到这个时候，他身边的朋友里，就只有我还在家里写作。

我们点了两杯"单一麦芽"——度数最高、口感最柔的酒，喝了一口，又喝了一杯，一杯下去，又喝了一瓶。

喝着喝着，他哭了起来。

他今年刚三十岁，年初把父母接到了北京。妻子没有工作，全家的经济压力都靠自己来扛。前些日子，他刚刚喜得千金。

别人眼中的喜，是他心里的难。

他说，白天在公司里当孙子，晚上在家里当孙子。

他说，生活不易，工作艰难。

他说，前方的路难走，背后的家难扛。

他说，忽然有一个小生命来到人世间，每天哭闹；忽然母亲病了；忽然和媳妇吵架了。上午母亲看病，自己请假带她去医院，领导把今天欠的工作发到他的邮箱里，他回到房间，戴上耳机，刚刚做完工作，就已经十二点了。

他说，每天，只有等妻子、孩子睡了，父母关灯了，自己才能走到书桌旁，拿起一本书，简单地翻上两页，但很快困意袭来，他强忍着不入睡，因为只有这个时候，才是一天中唯一属于自己的时刻。

他说了一大堆，之后看了看表，起身要走。

他说，明天还要赶早高峰。

我说，好吧，我一个人再喝一会儿。

说完，他起身离开了，留我在暗黄的灯光下继续喝着剩下的酒。

我转过头，看着邻座一个穿着西装的男人，对着灯，品着杯中的烈酒。他一边喝，一边在一旁的笔记本电脑上打着什么，仔细一看，一张未完成的幻灯片。

好一段中年人生。

我看了看表，已经三点了。

其实，小西不是第一个在我面前痛哭的男人。

准确地来说，已经有太多人，喝着喝着，忽然泪流满面。

这些年我很害怕别人哭，因为哭不过是表现形式，这背后的痛苦必然是长期积累，才会被突然地表达出来。可是，我精力有限，又怎么来得及了解每个人背后的苦衷呢？

随着年纪的增大，人们越来越容易怀念二十多岁的自己，虽然二十多岁时，我们都希望快点长大。

三十岁，是一个上有老、下有小的起点，也是一个容易在工作上遇到瓶颈的时期。很多人都知道，如果不用尽全力飞翔，必然就会被卡在瓶口，出不来了。但事实上，还是有许多人就被卡到了瓶口，动弹不得。

所以小西，中年容易焦虑，这是很正常的，看看身边的人：要么热衷投资，要么着急减肥，要么知识付费，还有外遇出轨。其本质的原因，都是焦虑：害怕钱不够，害怕形象差，害怕能力不行，害怕感情变淡。

但小西，焦虑并不能解决问题，我写过："打败焦虑最好的方式，就是赶紧去做那些让你觉得焦虑的事情。"我总想对你们说："去做，

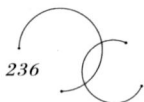

去干，总比等待要好。"

可大多数在我面前哭过的人，并没有调整，就焦急地开始了第二天的生活。接着，他们循规蹈矩、一模一样地过了二十四个小时，四十八个小时，九十六个小时……

最后他们在生活的挤压下，再一次流泪。抬起头，又是一个一模一样的明天。

小西，这是你要的中年生活吗？


## 2


在美国，有这样一种类型的电影，叫"中年危机电影"。

美国的电影审查部门分析过，打败中年危机有两种方式：第一，外遇；第二，工作或生活上有突破。第一类，不准拍。

其实，我们可以理解，外遇并不能解决中年危机的问题，有了小三，就只能通过"小四"来持续突破，这样必然是恶性循环。

那么小西，让我来告诉你，打破中年危机的最好的方式只有一个：持续不断地突破自己，让自己变得更好。

这句话听起来简单，但做起来很难。

因为，三十岁刚好是一个工作上不去、下不来的状态，一个人往往在一个行业里待了八年，有了一定的经济资本和财富资本，虽然不多，下不去，可是，上去也难。

应该怎么办呢？

你看，许多人就是这样，在中间，卡着卡着，就卡住了。或者说，卡着卡着，就习惯性地上不去了。

一个人一旦习惯性地在一个地方不上不下许多年，再让他突破自己，就难上加难了。

因为人都是有惰性的。

我跟你分享一位朋友的故事吧，这个朋友你也认识，就是我们的兄长兆民。

我在二十八岁的时候，认识了三十六岁的兆民，兆民老师的生活，给了我很大的启发。

二十二岁，他从北京广播学院毕业（现在的中国传媒大学），在体制内当记者和主持人，一当就是十多年。他觉得生活稳定、衣食无忧，但谁也想不到，一次意外事故让他在直播时发不出声音，从此他的事业开始走下坡路。他曾经告诉我，连在食堂吃饭，都有人议论："就是那个人，直播时说不出话。"而那时，他刚刚三十岁出头。

但生活没有打垮他，他一不做，二不休，递交了辞职报告。回到

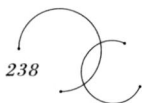

家，他开始闷头写书，想把这些年自己在职场上的一些说话心得写下来——既然说不出来，那就写下来吧。

为了不给自己留后路，他卖掉了北京的车和房。别人问他为什么，他说："我不想给自己留下那种中产阶级的优越感，我想要更多，所以，我要打破我拥有的全部。"

我不知道这需要多大的勇气，但两年后，他写出了两本畅销书《所谓情商高，就是会说话：日常生活版》和《内向者的沟通课》。他也终于不负己望，成功地跨越到了另一个领域。就是因为这样，我们相识了。

小西，你还记得吗？我们还认识很多在三十岁时忽然跨越到另一个领域的人，看似是奇迹，但仔细看来，他们无非具备这样几个特点：不满现状、持续努力、持续行动、一直在路上。

而一个一直在路上的人，是不会有中年危机的。

我从 2015 年开始写作，你们都说我笔耕不辍，其实这无非是一个坚持的问题，在别人都在接广告赚钱、写网文、拉流量的时候，我在埋头写书。每次跟朋友喝完酒回到家，如果还没喝大，我都会打开电脑，写下那时的感觉。

我记得刘媛媛调侃我说："你是一起玩耍，独自努力。"

我说："我才不是，我只是害怕一个人的孤独，所以每到深夜，总希望让文字陪我走得更远。"

很多作家朋友说我高产，特别能写，必有天赋，但他们不知道，如果一个作者的每本书都能成为百万级别的畅销书，每本书都能有比较高的质量，那么我想原因更多不在于天赋，而是他一直在路上。

直到今天，我依旧还在创造，没有躺在成绩上睡觉。

小西，你可能不知道，我时常一个字也写不出来，坐在电脑旁，写了两个小时，只有一行字，之后还被删掉了。

但至少，我还在路上，并且从未停歇。

说这些是因为，小西，我只想告诉你："三十岁不是终点，而是一个人刚刚开始奋斗的年纪。"

## 3

小西，这些年，我其实走得很慢。但你看看那些我们曾经羡慕的人，有多少还活跃在我们的眼前？没有了吧。

该你赚的钱，站着赚；不该你赚的钱，别贪。不是你的，你越追求，诅咒越会大于保佑；而是你的，坦然接受就好。

你还记得吗？有一次，我在车里接到了一个电话，那边一个陌生的声音高声喊道："是尚龙老师吗？我想跟您谈一个合作，我想给您

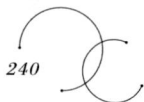

的戏投资一个亿……"

他还没说完，我就挂掉了电话。

你很好奇，问："尚龙，你干吗不听听？万一是机会呢？万一真的给一个亿呢？你不喜欢钱啊？"

我说："我是不喜欢钱，我爱钱，但我知道，我这一生跟一个亿无关。我越追求不属于我的东西，到头来，必然是'剑走偏锋'，刺伤自己。不属于我的，越追求，越容易被诅咒。"

你当时还不信，可是现在你看看，我的哪件事跟一个亿有关呢？

这是我这些年一直遵循的准则：走慢点，但不要走错。

这个世界的试错成本正在越来越高，一旦错了，就容易被牢牢地钉在耻辱柱上。所以，想明白再做，很重要。

你看，知识付费最火的时候，有人拿着现金来公司找我，希望我开一门课。我说："我什么也不懂，不能害这些孩子啊。"于是，我拒绝了。

比特币最火的时候，天天有人找我吃饭，让我背书乱七八糟的币。我说："我根本不懂，让我背书什么？"于是，我也拒绝了。

电影和网剧最红的时候，我把《刺》的版权卖了一块钱。我说："因为这个故事能改变人，虽然在经济上有损失，但它能让我过得了心里的那一关。"

在我的微信公众号里，每天都有人让我做广告，给出的价格非常高，连我的编辑，都拼命让我接。你还记得他们在背着我偷偷接了几个后，我发飙的模样吗？我开除了好几个编辑，现在无数人说我的排版难看……因为我都在自己排。

我清楚地知道，如果连你自己都不明白这个东西，那怎么能让相信你的人去买呢？

直到今天，我都不后悔，我感谢那个时候的自己，选择应该选的，抛弃不应得的。

我虽然走得很慢，但我没有走错。

你看，不着急，反而获得的更多。

4

这些年，那些赚快钱的人，都远离了我。

我曾经在演讲中批评过那些"唯流量论"的朋友，他们动不动就说自己的一门课价值几千万，说如何让人月薪五万，文章里动不动就充满着污言秽语，标题里随意表达着对性生活的随便。

我说："这些钱赚得不体面，这些课开得无耻，这些文章写得不要脸。"

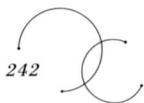

因此，许多人都把我拉黑了，还留下一句："写作不就是为了赚钱吗？"

写作仅仅是为了赚钱吗？

小西，写作从来就不是为了影响世界，而是为了安顿无处安放的自己。

小西，工作也从来不仅仅是为了生存和苟且，还有远方和热血。

只要你盯着事情做，把事情做好，钱不过是额外品。你只盯着钱，坏了的，是良心。

后来，我发现，惩罚他们的人从来轮不到我，时代会惩罚他们的。

一些人被封号，一些人被罚款，还有一些人虽然还活着，但他们再也赚不到钱了。

因为，既然你选择了挣快钱，还那么努力，所以时代也一定会让你挣一笔钱，但是，只有这一笔，挣完，你刚好人到中年，焦虑就来了。

我一直觉得，人要有远见，你要问问自己，所从事的行业、所做的事情，是不是一碗只能吃几年的青春饭，是不是到了三十岁后就不再有竞争力，是不是到了三十岁就干不动了。如果是，你就应该提前做准备改变，否则，中年危机必然会提前到来，生活的板子，定会打得你束手无策。

青春饭可以吃，但当你有了一些资本时，一定要抽空想想，今后的日子要怎么过，人到中年时，还有没有更好的突破自己的路，还有没有更多的可能。

　　这些路，越早准备，越不会那么被动。

## <u>5</u>

　　还记得吗？二十多岁时，我当了英语老师，每天上十个小时的课，有时候寒暑假，一连就上两个多月。

　　但在一个夜里，我忽然意识到：一定会有那么一天，我讲不动课了；一定会有那么一天，我的身体出现了问题。

　　那，我应该做点什么？

　　于是，我开始调整，开始做更艰难的选择。

　　随着我们的努力，我们有了自己的公司，我也从一个老师，逐渐转型，一边写作，一边讲课。

　　我今年跟你一样，也三十岁了，但我从来没有焦虑过。

　　不是因为我有多么厉害，而是因为在路上奔跑的人，往往不会焦虑，因为他们专注于未来，来不及让自己焦虑。

　　我知道，有一天，我的中年危机也会来临。

　　但，一定不是在我三十多岁的时候。

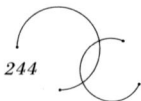

因为对我来说，这一切，才刚刚开始。

小西，我不知道这段话对你有没有用，希望你永远都在路上，走慢些，走远点。打破这该死的循环，走到内心深处，走到天地的边缘，在那里，会有一个更自信的自己。

postscript 后
记

▲

## 1

我记得是在一个夜晚，我和两位朋友，喝着喝着就喝多了。

不知道说了什么，大家忽然剑拔弩张，好像是聊到了工作的不幸，
或者是聊到了生活的不易。

总之，好像到了一个年纪，大家都变得敏感又脆弱了起来。

说着说着，一位朋友哭了出来，他说了好多，但或许因为酒精的

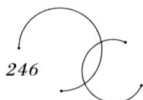

作用，我似乎什么也没听清。大家自己说着自己的话，有时候激动，有时候眼睛里竟然闪着泪光。

曾几何时，瓶颈、压力、危机这样的话题，代替了女孩、成绩和未来。

大家开始聊房价，开始聊小孩，开始聊婚姻，开始聊买了比特币，亏了……

我已经习惯了大家到了这个岁数，会有忽然的情绪崩塌，习惯了他们抱怨环境不好，抱怨公司领导的挑剔，话语里甚至讲述了自己家庭和生活的悲哀。

他们一边吵，我也一边陷入了沉思，我们这一代人，就这样老了吗？

就在这时，一个电话打断了我的沉思和他们的争执，那是我多年的朋友小西，他在电话里说："龙哥，我到北京了，你在干吗？"

我惊了一下，说："你在北京干吗？"

他笑了笑，说："你怎么不看我朋友圈？我考研考到了北京，今天来报到。"

我挂了电话，把这件事告诉大家，说："小西回来了。"

忽然，他们停止了争吵，露出了微笑。

大家重新开了一瓶酒，一边喝，一边等着小西的到来。

一个小时后，小西拿着一个包，来到了我们身边。他胖了一百多斤，精神状态好了，但代价是，他越来越胖。他一见到我们，就挨个拥抱，然后拿起一瓶酒就喝，一口气喝了一大半，说："龙哥，我总算杀回来了。"

他的眼神，就好像还是十九岁那年夏天，我刚认识他时那般，充满斗志，写着哪吒口中的那句话："我命由我不由天。"

我不记得那天我们喝到了几点，但我记得那天北京的风吹到我们的脸上，我们都穿着短袖上衣和短裤，那风让人觉得一切都那么舒服，像是回到了过去，像是那股青春的力量又回到了身体中。

那天，谁也没有再抱怨，大家谈了好长时间的未来。

我抬头看了一眼天上的月亮，它忽明忽暗，对我们眨着眼。我们一边喝酒，一边聊了好多过去的事，那些情节就像电影一样，历历在目。而未来的理想就像在眼前那般，唾手可得。

小西说："龙哥，十年前，我们在那个小房间里喝着酒、吃着泡面，你描述的生活，我们都实现了。"

我说："十年后，我们还会实现的。"

第二天，我从床上醒来，忽然明白，谁还没有点挫折和痛苦，生活还在继续，还会有人抱怨，一代人终将老去，但只要还在路上，我们就依然年轻。

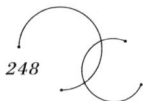

## 2

这本书，是我在三十岁这一年，送给自己的礼物。

它是对过去的总结，也是对未来的期待。

这些年我一直在写作，同行们说我高产，我只能笑笑，我哪里是什么高产，我无非是把他们写公众号、接广告的时间拿来书写内心深处的声音而已。虽然我没他们有钱，但我为我的作品骄傲。

我看着的是路的前方，所以我从来不会迷茫。

到了三十岁，我愈发感觉到身边的人分成了两类，一类人颓废成了习惯，一类人依旧在改变。第一类人的生活一天不如一天，第二类人现在可能不是很如意，但每一天都在变得更好。

三十岁是一个分水岭，在此之前，人们的思维很容易定型。比如，当看到一个昂贵的又想要的东西时，一些人觉得买不起，这世界真凄凉，一些人则会思考，我怎样才能买得起；比如，当遇到挫折时，一些人立刻归因于这个世界真糟糕，一些人则抓紧在自己身上找原因。一些人习惯逆来顺受，一些人热爱反思总结。

"思路决定出路"，曾经认为多么鸡汤的话，竟然在时间的长河下，变成了赤裸裸的真理。

很多我们不曾相信的话，都随着年纪的增长，浮现在我们的脸颊上。

二十多岁时养成的好习惯，都会在三十岁这个节骨眼上，无比地适用。比如坚持锻炼，比如坚持读书，比如对不懂的事情保持谦逊，比如要有追求、要有崇高感，比如要终身学习……

在写这篇后记时，我又一个人来到了这家我经常来写作的书店，这像是一个仪式，每次当一部作品结束时，我都会推掉所有的局，一个人来到这里，安静地打开电脑。

这是一家二十四小时营业的书店，灯光永远在亮，人流从未停息，好在北京的夏天比冬天好过，我可以一直写，写到天明。

我很庆幸，我身边的朋友虽然都"奔三"了，但大家都属于在路上的那一类人，就算走得很慢，却从未停歇。

就好比小西，他毕业被分配到偏远山区，在那边得了严重的抑郁症，但他始终没有停下来，他走出了自己的痛苦，几经周折，考上了北京的研究生。

他杀回来了，而我们，也在奔跑的路上。

### 3

就这样，我们这一代九零后，终于"奔三"了。

这听起来是个悲剧，随着时间的流逝，谁也无法避免继续衰老，

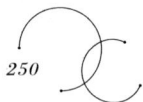

但好在，我们可以保持内心深处的年轻。

前些日子我在家写作，忽然李楠导演给我发了条信息，他刚从外地拍完纪录片回来，问我要不要一起吃大排档。

我惊了一下，回复他："当然。"

说完，我穿上衣服，下了楼，打了辆车。

我们在路边的大排档点了好多串大腰子，老板认识我，还送了好多好菜，我们一边吃一边笑，我问老板："能不能给我两瓶啤酒和一碗方便面？"

老板说："吃那个不好消化。"

我说："没关系，就是想吃。"

老板笑了笑，给我炒了碗方便面。我笑着对老板说："我的胃太想念这些垃圾食品了，我的胃决定了我的地位。"

吃到半截，李楠问我："你是不是好久没这么吃饭了？"

我说："是的。"

这些年饭局越来越多，却越来越少有机会在路边跟哥们儿不为任何事，几个人带着青春，吃大排档了。

这些年，自己仿佛越来越少有机会，放松地成为自己，不顾他人的眼光。

但好在，我从来没后悔过这一路走来所做过的决定，因为每当我迷茫时，我都会问问自己为什么出发。

勿忘初心，真的很难。

其实这些年，我每天都很累。公司从创业到今天，员工开始越来越多，我却发现人心前所未有地涣散；写作写到今天，写得越来越顺，我却发现突破自己越来越难；就连每次吃饭，吃得越来越好，我却分不清这一桌人是敌是友。

但好在，我一直没有忘记自己为什么出发，当我迷茫时，我总会回到原点，去寻找那个刚刚出发的自己。

## 4

写这篇后记的时候，又是一个快亮了的凌晨。这一次，这家书店里除了我，只剩下一个昏睡的店员。

我终于熬走了所有人。

我想，等到天亮时，忽然停笔，回家睡觉，这多么具有戏剧性。

但写着写着，天已经亮了。

时光就是这么残忍，你以为可以和它和谐相处，却不知道时光总是在你不经意间，照亮了你的面庞。

我从 2014 年开始出书，在文学这条路上，已经走了六年，写书是我和世界交流的方式，我把想说的，都放进了书里，我把想表达的，

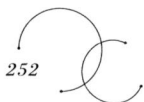

都塞进了文字的小溪中。

我一直在写，就像我一直在努力生活，一直在努力读书、上课、锻炼和思考一样，我走得很慢，但是我从来没有停止过。

一晃，我也三十岁了。这些年我有了很多读者，我每年还是在努力地跑签售，仅仅是为了跟大家见个面。

见字如面，但见面更有意义。

谢谢你，一直在文字的海洋里，陪伴着我。许多人都说我的文字陪伴过他们，可他们又何曾不是陪伴着我呢？

我会一直在路上，在路上等着你，我们一起走，走到时光的尽头。

三十岁只是个开始，这新的十年，我想，我们都会活得更精彩。

**图书在版编目（CIP）数据**

三十岁，一切刚刚开始/李尚龙著. — 长沙：湖南文艺出版社，2020.5

ISBN 978-7-5404-9554-1

Ⅰ.①三… Ⅱ.①李… Ⅲ.①成功心理—通俗读物 Ⅳ.①B848.4-49

中国版本图书馆 CIP 数据核字（2020）第 017635 号

上架建议：畅销·励志

SANSHI SUI, YIQIE GANGGANG KAISHI

三十岁，一切刚刚开始

作　　者：李尚龙
出 版 人：曾赛丰
责任编辑：刘诗哲
监　　制：蔡明菲　邢越超
策划编辑：李彩萍
特约编辑：何琪琪
营销支持：霍　静　文刀刀　周　茜
封面插画：站酷 @18 颗星球
封面设计：利　锐
版式设计：李　洁
出　　版：湖南文艺出版社
　　　　　（长沙市雨花区东二环一段 508 号　邮编：410014）
网　　址：www.hnwy.net
印　　刷：三河市鑫金马印装有限公司
经　　销：新华书店
开　　本：880mm×1270mm　1/32
字　　数：163 千字
印　　张：8.5
版　　次：2020 年 5 月第 1 版
印　　次：2020 年 5 月第 1 次印刷
书　　号：ISBN 978-7-5404-9554-1
定　　价：49.80 元

若有质量问题，请致电质量监督电话：010-59096394
团购电话：010-59320018